魁阁学术文库
Kui Ge Academic Library

魁阁学术文库
Kui Ge Academic Library

欠发达地区新型城镇化的机制构建与治理转型

Mechanism Construction and
Governance Transformation of
New Urbanization in
Underdeveloped Areas

凌 巍　刘建娥　徐玲菲　　著

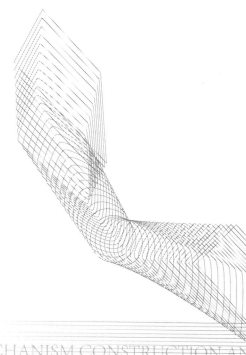

社会科学文献出版社
SOCIAL SCIENCES ACADEMIC PRESS (CHINA)

"魁阁学术文库"总序

1939 年 7 月，在熊庆来、吴文藻、顾毓琇等诸位先生的努力下，云南大学正式设立社会学系。在这之前的 1938 年 8 月到 9 月间，吴文藻已携家人及学生李有义、郑安仑、薛观涛辗转经越南从河口入境云南，差不多两个月后，其学生费孝通亦从英国学成后经越南到昆，主持云南大学社会学系附设的燕京大学 – 云南大学实地研究工作站（亦称社会学研究室）。1940 年代初，社会学研究室因日军飞机轰炸昆明而搬迁至昆明市郊的呈贡县魁星阁，"魁阁"之名因此而得。此后差不多 6 年的时间里，在费孝通的带领下，"魁阁"汇集了一批当时中国杰出的社会学家和人类学家，如许烺光、张之毅、田汝康、史国衡、谷苞、胡庆钧、李有义等，进行了大量的田野调查，出版了一系列今日依然熠熠生辉的学术精品。由于吴文藻、费孝通、杨堃等诸位先生在 1940 年代的努力，云南大学社会学系及其社会学研究室（"魁阁"）成为当时全球最重要的社会学学术机构之一，其中涌现了一大批 20 世纪中国最重要的社会学家、人类学家。"魁阁"因其非凡的成就，成为中国现代学术史上的一个里程碑。

"魁阁"的传统是多面相的，其主要者，吴文藻先生将之概括为"社会学中国化"，其含义我们可简单概括为：引进西方现代社会科学的理论与方法，以之为工具在中国开展实地研究，理解与认知中国社会，生产符合国情的社会科学知识，以满足建设现代中国之需要。

为实现其"社会学中国化"的学术理想，1940 年代，吴文藻先生在商务印书馆主持出版大型丛书"社会学丛刊",在为"社会学丛刊"写的总序中,吴先生开篇即指出,"本丛刊之发行,起于两种信念及要求:一为促使社会学之中国化,以发挥中国社会学之特长;一为供给社会学上的基本参考书,以辅助大学教本之不足"。丛刊之主旨乃是"要在中国建立起比较社会学的基础"。"魁阁"的实地研究报告,如费孝通的《禄村农田》、张之毅的《易村手工业》、史国衡的《昆厂劳工》、田汝康的《芒市边民的摆》等多是在"社会学丛刊"乙集中出版的。

80多年前,社会学的前辈先贤正是以这样的方式奠定了中国社会学的基础。为发扬"魁阁"精神,承继"魁阁"传统,在谢寿光教授的主持下,云南大学民族学与社会学学院和社会科学文献出版社共同出版"魁阁学术文库",以期延续"魁阁"先辈"社会学中国化"的理论关怀,在新的时代背景下,倡导有理论关怀的实地研究,以"魁阁学术文库"为平台,整合社会学、人类学、社会工作、民族学、民俗学、人口学等学科,推进有关当代中国社会的社会科学研究。受"社会学丛刊"的启发,"魁阁学术文库"将包含甲乙丙三"集",分别收入上述学科综合性的论著、优秀的实地研究报告,以及国外优秀著作的译本,文库征稿的范围包括学者们完成的国家各类课题的优秀成果,新毕业博士的博士学位论文、博士后出站报告、已退休的知名学者的文集、国外优秀著作的译本等。我们将聘请国内外知名的学者作为遴选委员会的成员,以期选出优秀的作品,贡献世界。

是为序。

第十三届全国人大常委会委员、社会建设委员会副主任委员
中国社会科学院学部委员、社会政法学部主任

云南大学党委书记

目　录

前　言

　　本书旨在构建欠发达地区新型城镇化研究的理论体系（"一个体系"），深入研究"四个机制"、探索"两种路径"。

　　"一个体系"：基于发展型社会政策、社会融入、生态系统等理论的整合，结合政策和试点实践的研究总结，构建欠发达地区"农业转移人口发展融合型社会政策体系"。

　　"四个机制"：内容涵盖如何回应人的需求、尊重人的意愿、发挥人的能动性和创造力、实现人的社会权益，最终将新型城镇化的发展成果转化为惠及整体农业转移人口的社会福祉。首先，以"内在驱动机制"为切入点，回答如何促进城乡、区域、经济－社会－生态均衡发展，以及农业转移人口群体性发展均衡的基本问题，结合地方试点实践分析国家应对新型城镇化内在矛盾的政策推进路径。其次，通过"评估瞄准机制"系统研究新型城镇化带来的社会分化，精准识别急剧社会变迁过程中不同群体的社会需求和迫切问题。再次，通过"经济促进机制"分析新型城镇化的动力源泉，从宏观层面探讨新型城镇化对经济发展的复杂影响，加大人力资本投资力度，促进人口红利向人才红利转变，完善社会保障，激发并释放农业转移人口及其家庭内需潜力，带动经济从投资驱动向消费驱动转变，并从微观层面提出差异化就业促进路径，逐步建立农业转移人口的科学评估、有序引导、重点扶持、分流安置现代管理体系。最后，系统研究"政策行动机制"如何实现发展目标，主要涉及四个层面：

落户政策改革"去身份化""去价值化";社会福利保险城乡一体化;基本公共服务均等化;转型社区的社会治理现代化。通过制度安排构建"农业转移人口发展融合型社会政策体系"。

"两种路径":结合区域优势和发展特征探索异地城镇化和就近就地城镇化的实现路径,使其相互之间形成政策合力、协调联动,加快推进中西部欠发达地区就近就地城镇化,降低异地城镇化和跨省迁移的经济成本和社会代价,探索县域就近城镇化和特色小镇模式,形成从省市城镇化向县区城镇化差序推进的发展格局,打造生产、生活、生态融合的城镇化新样态,带动农民就近就业;参照总结试点经验,结合区域特征促进乡村振兴、易地扶贫搬迁与城镇化战略融合。

绪 论

一 以人为核心的新型城镇化战略背景

城镇化已经成为实现经济增长、增强国民幸福感的重要途径。改革开放 40 多年来，我国城镇化率从 1978 年的 17.9% 跃升至 2020 年的 60.6%。① 中国特色的城镇化路径取得举世瞩目的成效，但是，我们为此付出社会失衡、能源损耗、生态污染、村庄衰退的巨大代价。以城市为核心、以经济发展为导向的高速发展城镇化模式带来诸多社会矛盾和问题，数亿农业转移人口难以融入城市社会，市民化进程停滞不前，抑制内需的增长，阻碍社会的进步。国家开始调整城镇化的发展方向，2013 年，党的十八届三中全会提出推进以人为核心的城镇化；2014 年，中共中央、国务院制定颁布《国家新型城镇化规划（2014—2020 年）》，明确了新型城镇化的发展路径、主要目标和战略任务，推动粗放型的"土地城镇化""被动城镇化"向内涵式的"人的城镇化""主动城镇化"转型，我国全面进入以人为核心、提质增效的新型城镇化发展阶段，全面部署实施新型城镇化综合试点。《中华人民共和国国民经济和社会发展第十三个五年规划纲要》将 3 个 1 亿人落户城镇作为新型城镇化的首要工程，引

---

① 数据来源于历年《中国统计年鉴》。

导约 1 亿人在中西部地区就近城镇化。因地制宜、分类推进，2015年，31 个城市（镇）被列为标准化试点，至此，从国家政策的推进到地方试点评估，我国基本形成"以人为核心"的均衡发展、协同治理的城镇化路径，确定了城乡一体化、农业转移人口市民化、农业农村现代化的基本发展方向。

2020 年是全面建成小康社会和"十三五"规划收官之年，也是"十四五"的开局之年。经济社会高质量发展能够为社会成员创造更多个人发展和向上流动的机会（李培林等，2019）。新型城镇化的转型发展 6 年以来，给个体、家庭和社会带来哪些影响和改变？制度创新是否能够促进高水平的社会流动，激发社会发展深层活力？新型城镇化的主力军农业转移人口，在此过程中是否获得改善生活的机会并分享发展成果，城市社会的福祉如何平等地惠及数亿农业转移人口及其家庭？城镇化率暂时没有达到 60% 的中西部欠发达地区，如何抓住乡村振兴、精准扶贫及新型城镇化战略融合带来的发展契机，形成政策合力、补齐民生短板，实现 1 亿人的就近就地城镇化？这些系统性问题成为当前中国社会政策研究面临的重要议题，需要以跨学科、整体性的研究视角开展综合性研究，在政策层面诠释"以人为核心""人民至上"的发展理念，实施"懂民、知民、爱民、用民、安民"的社会治理策略，准确把握农业转移人口的发展态势，系统分析新型城镇化的内在驱动及经济社会机制，以应对急剧的社会转型和变迁给农业转移人口及其家庭带来的冲击和挑战；系统研究中国特色城镇化进程中的深层矛盾与迫切问题，全面总结新型城镇化的成效与经验，积极打造要素有序自由流动、主体功能约束有效、基本公共服务均等、资源环境可承载的区域协调发展格局。社会政策研究致力于推进精准化的落户改革举措、均等化公共服务方案、差异化就业促进策略、多元化社区社会治理模式，构建新型城镇化现代社会治理体系，开创"十四五"时期共建共治共享的发展新格局。本研究旨在促进区域均衡发展，经济、社会、生态协调发展，优化产业结构、社会结构，缩小阶层分化，释放消费潜力，为欠发达地区新型城镇化健康发展注入持久动力，从而带动农业转移人口在总体向上流动的市民化进程中顺利融入城市社会，获得市民身份、发展机会及平等的社会权益，实现"安居乐业"。让"农民工""失地农民""留守儿童"等称谓淡出主流话语体系，成为中国城镇化和社会转型的历史符号和集体记忆。

二　理论基础

本研究梳理基础理论，包括嵌入性理论、结构化理论、社会建构理论、生态系统理论，结合中国新型城镇化实际重点应用社会资本理论、发展型社会政策理论及社会融入理论，基于理论整合的视角，构建农业转移人口发展融合型社会政策体系，理论应用和政策构建将在研究内容部分展开介绍。

（一）基础理论

1. 嵌入性理论

强调经济行动嵌入社会结构，从社会关系和社会网络层面研究复杂的经济活动及移民融合。"嵌入性"（embeddedness）一词源自卡尔·波兰尼，波兰尼于1944年在书中提出人类的经济活动总是嵌含在社会之中，人类所有的经济活动同所处的制度环境与社会关系是紧密联系在一起的观点，经济活动能够通过不同的模式嵌入特定的社会关系和结构中，市场嵌入社会当中，是人类历史的本质和普遍逻辑（波兰尼，2017；范慧、彭华民，2020）。"嵌入性"概念的提出对后来的经济社会学研究产生了深远影响，学者们逐渐认识到要理解市场问题、挣脱传统经济学理论的束缚就必须深入研究人和组织所处的社会关系。格兰诺维特（2019）再次深入阐释了"经济行动嵌入社会结构"的观点，将"嵌入性"概念逐步拓展为"嵌入性理论"。他将经济行动与个人的社会关系结合起来，认为经济行动是在社会网络内的互动过程中做出决定的，人是嵌入具体的、持续运转的社会关系中的行动者，社会结构被视作持续运转的人际网络；建立在亲属或朋友关系、信任关系之上的社会网络维持着经济关系和经济制度；新古典经济学在分析经济行为时存在"社会化不足"，而社会学理论中则存在"过度社会化"。瑞安和狄马格（Zukin and Dimaggio, 1990）在格兰诺维特的"嵌入性理论"基础上，提出结构嵌入、认知嵌入、文化嵌入、政治嵌入，构建了相对系统的分析框架。结构嵌入指关注网络结构以及公司间社会联系的质量，被用于分析公司在网络中所处位置与其经济绩效之间的关系；认知嵌入指关注与经济逻辑相关的网络认知过程；文化嵌入指关注促成经济目标实现的共有信念和价值观；政治嵌入强调经济能量和激励的某些制度特征（兰建平、苗文斌，2009）。王春光（2017）在巴黎温州人跟踪研究中提出"族群竞合"的概念，指代移民群体通过附着、街区和商城等经济形态，在移入地构建经济空间，移民群体与移入地经济空间的关系是竞合式的，既有竞争又有合作或者互补的关系。

2. 结构化理论

结构化理论是吉登斯对社会学经典理论进行反思、批判，并吸收整理社会学思潮而成的。传统社会学理论中针对社会结构和个体行动的问题，存在社会与个体和结构与行动的二元论，吉登斯结构二重性的提出，放弃了传统二元对立的理论解释。他认为结构会限制人类行动，又赋予人类主动性，结构与行动之间不是分割对立的，因此他提出了结构二重性，认为要考虑社会结构对个体行动的制约，不能忽视个体行动的主观能动性和目的性的作用，个体的主观行动建构了社会结构，但社会结构又反过来作用于社会行动，成为人类行动的中介，结构实现了生产和再生产的过程，这种过程就是结构化的过程（吉登斯，2016）。在结构化理论中，吉登斯突出了对其核心概念"结构"的解读，他指出社会结构是由规则和资源组成的，即结构是在特定的时空条件下，不断卷入社会再生产中的规则和资源（特纳，2006）。其中，规则主要指的是行动的规范，规则有具体明确的，如政治、经济和法律制度等正式制度，也有相对不规范的语言性的非正式制度；资源则是个体在行动过程中获取的资本，包括配置性资源和权威性资源，行动者所拥有的资源是其社会地位赋予的。规则和资源共同作用于主体的社会行动，规则是个体行动的向导，但行动又受到规则的制约，在行动过程中，资源对个体的行动有推动作用，人们利用资源组织自己的行动，在社会规范的作用下按照自身抉择采取行动。结构化理论的核心是结构二重性，它是指以社会行动的生产和再生产为根基的规则和资源同时也是系统再生产的媒介（吉登斯，2016）。一方面，社会结构本身是由人类的行动建构起来的，因此，它应当受制于人的活动；另一方面，经由人的实践活动建构起来的结构又是行动得以实现的桥梁和中介（张云鹏，2005）。"结构"具有"双重性"，一方面，它是人的行动的产物，带有主观色彩；另一方面，结构总是具有约束性和使动性，说明人的行动也并非完全不受外界条件影响，人在自己创造出来的结构下行动，结构既可以作为规则制约人的行动，也可以作为资源而被人们在行动过程中加以利用。

3. 社会建构理论

罗温斯坦描述移民对空间的能力建构时提到，移民往往会对在流入地新环境中遇到的困难和消极因素夸大其词，而在回忆移民经历的时候，因风华正茂和无忧无虑的生命历程淡化当年流入地的消极环境，美化甚至高估移民境遇（顾宝昌，1992）。社会建构理论中的"社会建构"一词，通常被认为是由美国社会学家 Peter L. Berger

和德国社会学家 Thomas Luckmann 在 1966 年合著的《现实的社会建构》一书中首先明确使用的。"现实是社会建构的,而这一建构过程正是知识社会学的分析对象。""现实"是某些现象的属性,这些现象都是独立于人、不以人的意志为转移的;"知识"则是一种确定性,它确证了某些现象是真的并且包含一些具体特征(Berger, 1999)。而只有在特定的社会背景下,某种"现实"和"知识"才得以凝聚,因此,如果我们对一种社会背景进行充分的社会学分析,这种凝聚背后的"现实/知识 - 社会"关系也理应属于考察内容(Berger, 1999)。对日常生活现实所进行的社会学分析,就是对那些指导人们日常行为的知识进行分析,人们所理解的现实就是他们的日常生活,这是一个具有主观意义的规整的世界(Berger, 1999)。日常生活中所有的知识,包括最基础的习以为常的常识都来自社会交往。人们交往时,就是在理解他们各自对所关联的实在的感知,按这种理解去行动,他们关于实在的共识就会得到强化(刘保、肖峰,2006)。人们通过互动达成的共识在不断强化以后,会促使某一行动或多种行动一定程度地惯例化,任何一种行动在不断重复后都会被铸成一种模式,不同类型的行动者之间的惯例活动呈现为交互类型化,即制度化(Berger, 1999)。制度存在意味着人类行为受到预定模式的限制,并可能被引导至某个方向。既然共识由人们协商而成,那么人类的那些象征、意义和制度等就是一种客观实在形式的人类主观意义。也就是说,作为客观实在的社会现实除了由行动者构成的客观内容之外,更是由思想、信念、知识等主观过程所进行的社会建构,即人们所生活的世界,是主观意义的客体化(Berger, 1999)以及通过外化过程建构出的互为主体性的常识世界。客观实在是通过思想、信念、知识等主观过程社会地建构出来的(苏国勋,2002),客观实在一旦被建构出来,又会反过来影响个人。个人把世界理解为一种有意义的社会行动现实,并"内化"客观实在(Berger, 1999)。

在内化的过程中，"我"不仅"理解"他人短暂的主观过程，也"理解"他生活的世界，并且这个世界随后也变为"我"的世界，他和"我"以一种持久的方式和全面的视角来共享时光，这种方式使我们可以理解对方共享情境的定义，并且，我们之间出现了相互认同（Berger，1999）。社会就是这样一个由外化、客体化、内化三个步骤组成的持续辩证过程。社会是人的产物，社会是客观实在，人又是社会的产物。

4. 生态系统理论

将系统概念与生态学概念相结合，结构与行动相统一，构建多重作用的社会生态系统。①系统概念：系统是一个由一系列有序和相关的因素构成的功能性整体，平衡是系统维持相对稳定的趋势，而差异则是系统从一种较简单状态过渡发展到更复杂状态的趋势，有多种不同的等效方法、可替换方法能达到相同的结果。②生态学概念：社会环境包括人类所处的各种条件、环境以及人们之间的相互作用，为了生存和发展，个体必须与环境有效互动，个体之间、个体与组织之间相互依赖，要不断调整以适应周围环境、应对困难，把个体置于其生活的场域中，重视个体与环境之间的交流和相互作用。③社会生态系统：包括微观系统（micro system）、中观系统（mezzo system）、宏观系统（macro system）三种基本类型。微观系统是指处在社会生态环境中的看似单个的个体。个体既是一种生物的社会系统类型，又是一种社会的、心理的社会系统类型。中观系统是指小规模群体，包括家庭、职业群体或其他社会群体。宏观系统则是指比小规模群体更大一些的社会系统，包括文化、社区、机构和组织。该理论强调人们通过社区更新与融合实现社会治理，分析各种子系统在社区生活中如何相互发生作用，关注社区成员的主体感觉以及彼此之间的互动程度和方式，人群与其生存环境尤其是空间架构之间的关系。该理论中个体与环境双重聚焦的理论取向对市民化与社区融合研究具有较强的解释力，被社会工作、社会政策研究广泛应用。

（二）重点应用理论

1. 社会资本理论

学界从社会资本理论视角研究社会变迁与人口流动，审视社会要素和社会情境，并不断构建完善社会资本经验研究评估指标体系，拓展传统社会资本理论研究视域，给予社会资本理论历久弥新的生命力。

（1）社会资本的界定及理论研究。社会资本是行动者在行动中获取和使用的嵌入网络中的资源，只有行动者决定唤起、激活、动员这些资源时，嵌入性关系和资源才能够资本化（林南，2020）。社会资本是指基于社会关系而产生的内在的社会资源，进而形成不同的社会结果（Parcel and Menaghan，1994）。社会资本主要包含网络、互惠、信任、社会规范、社会行动等要素，其实质是指行动主体从社会网络与关系互动中获取资源的能力。社会资本概念能够弥补社会中的"结构缺陷"（bridging structural holes），实现个体行动与个体所处社会环境的联结（伯特，2008；Furstenberg and Hughes，1995）。首先对社会资本概念进行系统表述，并且将其引入社会学研究领域的是法国社会学家皮埃尔·布迪厄。他将社会资本定义为由制度化关系构成的网络所拥有的资源（Portes，1998），认为资本既是场域竞争的目标也是手段，他将资本分为经济资本、社会资本、文化资本三种类型。特纳（2006）根据布迪厄的解释对三种资本做出简明的定义：经济资本是指可以用来获得商品与服务的物质性财富；社会（关系）资本是指在群体或社会网络中的位置与联系；文化资本是指人际交往、习惯与态度、教育素质及生活方式。克瑞斯等学者将特纳定义的"社会（关系）资本"进一步发展为"亲缘资本"

（bonding social capital）、"桥梁资本"（bridging social capital）、"链接资本"（linking social capital）和"垂直资本"（vertical social capital）。"亲缘资本"是指由家庭成员、亲密的朋友和邻里所形成的紧密网络。"桥梁资本"是存在于群体成员中的弱关系网络。"链接资本"和"垂直资本"与正式的制度资源和资讯能力相关联，涉及影响政治决策和经济资源的社区参与。从"社区内融入"到"跨社区融入"，横向发展"桥梁资本"和"链接资本"；推进"决策融入"，纵向发展"垂直资本"，从广度到深度构建流动人口的社会资本。

（2）社会资本理论的应用性研究。应用性研究主要涉及社会资本对心理健康、收入水平、社会融入的影响。①学者研究社会网络、社会地位和社会信任对居民心理健康的影响，指出较高的社区社会资本与低水平的青少年抑郁有显著关系，安全和友好的社区能给予青少年更多健康成长的感情和价值资源，但是，较高的家庭经济资本会加深青少年抑郁程度（张文宏、于宜民，2020；Wu et al.，2010）；社会资本和主观相对剥夺感对中国农民工生活满意度有显著影响（Liu and Pan，2020）。②也有学者强调社会资本对农民工的生活水平、经济收入、政治融入的影响。农业转移人口迁入城市后的生活水平取决于权利资本、社会资本和人力资本（李国平等，2016）；社会资本加大了农民工与城市职工的收入差距，形成了维持和固化社会不平等的微观机制（程诚、边燕杰，2014）；"工具性社会资本"对农民工收入水平的影响更为显著，在经济发展相对落后的中西部地区，社会资本与市场化程度呈相反的运动方向（武岩、胡必亮，2014）；促进社会互动和社会融入、发展社会资本的政策对带动第一代农村移民定居城镇更有效，而提高人力资本和增加经济机会的政策则对新一代人更有效（Chen and Liu，2016）。社区社会资本、人力资本对农民工的政治融入有显著的正向影响，而经济资本几乎没有影响。这些研究为本书提供了重要的理论参照，但已有研究更多强调横向参照群体的比较，而忽略了对纵向维度的考量；重视社会资本对物质收入的影响，对精神层面微观体验的研究不足。

移民社会网络和社会资本所形成的支持体系有助于降低迁移成本，鼓励迁移定居行为，并带来"累积因果"和"流动性陷阱"双重效应（Massey et al.，1993；杨传开等，2017）。基于社会网络的交织产生的社会资本会在移民的目的地形成社会支持体系从而降低迁移成本，社会支持体系可以让移民更容易得到起步资金、住宿以及工作的信息和机会等帮助，而在这种社会支持体系下产生的不同尺度的社会结构（如家庭和移民社区）会进一步促进并鼓励迁移行为的发生。"累积因果"被认为是移民社区的形成和扩张的根本动力；同时，移民过度依赖社会资本和社区关系，从而丧失了在主流社区寻找机会和资源的可能性，"流动性陷阱"导致移民社区与主流社区发生隔离。刘建娥等（2018）将资本界定为三种基本类型——"经济资本""社会资本""人力资本"，来研究欠发达地区转型社区居民生活满意度。经济资本是物质性财富及与就业相关的经济收入，通过家庭收入与支出、就业人数、住房面积及类型等指标来测量。社会资本由"社区资本"和"制度资本"构成。人力资本是劳动者的知识技能和健康状况的总和，能够使其拥有者在劳动力市场中获得更高的收入回报，促进就业质量的提升（王轶、王琦，2016）。社区资本是指由亲友和邻里所形成的紧密网络，以及参与与自身利益息息相关的决策议程，享有社区服务资讯及资源，由亲友探访、亲友帮助、社区参与、社区服务等指标来量化。制度资本是与正式制度相关联的能力及享有的制度资源，通过城镇医疗保险、城镇养老保险、新农合、新农保四项城乡基本福利制度的参与率来测评。

2. 发展型社会政策理论

20 世纪 80 年代以来，人类社会步入风险社会，风险的复杂性、不确定性、不可预见性和迅速扩散性都在日益增强（贝克，2018）。

尽管福利作为应对工业社会风险的产物，但传统的剩余型和制度型社会政策模式所面对的以自然灾害和可预测的外部风险为主的时代已经过去（吉登斯，2003）。在风险社会中，新的"人造风险"具有的复杂性、不可预测性、全球性等特征，使传统的"事后补偿"性社会政策已经无法应对新的社会风险，如何应对全球化背景下的风险成为国家在社会政策设计过程中的新挑战。发展型社会政策是人们对当代经济社会发展进行反思的结果，是社会理性发展的产物（张秀兰等，2007），它更加关注社会的变迁和发展。"发展"本身就是动态的概念，所以，不同于传统社会政策的静态思维，发展型社会政策的思维是动态的。

首先，发展型社会政策的倡导者批判单一向贫困人口转移资源以满足其社会需求的政策措施，而是希望在对社会变迁之需求的动态概念进行分析的基础上，增加对人力资本的投资，致力于培养人们的能力，提高人们的生活水平（哈尔、梅志里，2006）。其次，社会资源的应用转变不单单体现在人力资源方面，在社会投资方面也要有所转变。发展型社会政策的倡导者们认为，许多受政府救济的人实际上更愿意参与生产性就业，而不是依赖政府的收入转移以获得微薄的收入，以及随之而来的社会污名和长期的依赖性。因此，政府除了对人力资本投资以外，还应投资那些可以为社会发展带来良好效益的企业，包括一些项目计划等。最后，发展型社会政策还强调在应对风险过程中，国家、企业和个人三者共同出力。在传统的社会政策中，国家在社会福利的供给过程中扮演主要角色，从而增加了国家财政负担。在发展型社会政策中，政府在社会政策的制定和实施过程中依然需要扮演主要的角色，并积极调动企业、社区和家庭参与，为社会发展贡献力量。发展型社会政策的社会投资，主张采取事先预防和"上游干预"的措施，以降低解决社会问题的成本，消除制度障碍，加大对人力资本、社会资本的投入力度，建构社会支持体系以增强个人、家庭参与经济活动的能力，在"上游"消除社会问题产生的条件和机制，切断社会问题发育的链条（张秀兰等，2007），在政治自由、经济机会、社会保障等方面提高个人的"可行能力"（森，2013）。

可持续生计框架（SLF）是一种整体主义、综合分析工具，其将经济增长与社会投资目标结合起来，针对特定国家和生产性群体的不同需求而及时做出反应，把农村群体利益置于优先考虑位置，焦点集中于民众身上，采取多机构、参与式的思路。对这一生计框架的理解主要表现在三方面。一是聚焦于民众，围绕民众的资本禀赋，针对差异化需求，将其纳入政策议程，让人们扮演积极参与者的角色，通过对民众赋权使其发挥主导性作用。二是对问题的分析以及政策处方，采取整体主义的思路。一方面，该思路认为不应仅从民众自身的主体特质或资本禀赋出发，也应考虑转型结构与过程等约束因素对生计变迁的影响；另一方面，该思路也带有多重行动者共同参与来解决农村和农民可持续发展问题的意涵，应发挥政府、非政府组织在法律、政策、文化、制度过程中的共同作用。三是微观与宏观的相互联系，在对农民与农村发展进行分析时，应把内部和外部因素都考虑进来。可持续生计框架建构的过程既涉及微观层面的行动，也涉及宏观层面的行动；既要通过传统的社会福利措施进行干预，又要跨部门、多机构、民众参与相互协调。因此，这一框架能够指出生计维持的瓶颈和约束因素，能够准确指出政府在哪个环节进行干预是最有效的，可以推动农村良性发展，支持民众维持生计（哈尔、梅志里，2006）。

3. 社会融入理论

近年来，国际社会发展策略正在从局限于 GDP 增长、保障基本物质生活向增进社会融入的包容性社会政策转变。较高的社会融入水平已经成为人类社会发展所追求的目标之一，社会融入政策也是当前欧洲国家应对社会投资削减、社会分化加剧的重要策略（Taylor-Gooby，2016）。社会融入不仅包含导致社会排斥的经济及政治要素，也涉及个人生活中非经济方面的不利因素；参与是社会融入的核心，融入与排斥主要取决于参与的程度（Burchardt，2001）。第一，社会融入的指标研究及行动策略日渐成为欧盟社会政策研究的重要议题。2002 年，欧盟委员会发布《欧盟社会融入指标报告》，评估欧盟各成员国促进社会融入行动的成效（Atkinson，2002）。Giambona 和 Vassallo（2014）基于 2006～2010 年欧盟 27 个成员国提供的数据资料，评估社会转移支付后贫困人口、物质剥夺、家庭就业、教育培训四大指标的得分，检视各成员国的社会融入进程。第二，发展社区工作与增加就业机会成为实现社会融入的重要行动策略。社区工作有助于带动社区居民参与决策，澄清社区问题并提供解决建议，分配有限资源与传递服务，改善个人与集体的福利（Henderson，2005）。欧美国家近年来普遍主张的"社会整合论"（social integrationist discourse），强调通过有报酬的工作实现社会融入（Alcock，2006）。福利政策的设计旨在平衡资本市场，在农民工社会政策尚未有效运行的背景下，劳动力市场无力解决社会提供的问题，即政府与市场双重失灵，所以尽管经济因素是导致移民现象发生的主要原因（Ravenstein，1889），但经济融入并不能带来社会融入，经济－社会－心理－身份四个融入层次不存在递进关系（李培林、田丰，2012；袁年兴、许宪隆，2016）。族群文化差异往往是难以穿透的隐性的"铜墙铁壁"，移民文化和心理融入是最深层次、最为复杂的，也是最难实现的（王春光，2017）。经济融入历经 30 多年，在市场和资本对劳动力的驱动下，老一代农民工凭借其自身的艰苦努力进入城市劳动力市场，但政治融入的渠道始终没有打开，所以难以进入实质性的社会融入环节，权力的普遍缺失才是不同阶层农民工融入问题的症结所在。

三 研究对象与分析框架

本研究以欠发达地区的农业转移人口及其居住社区为主要研究对象，这些地区包括中西部地区 2020 年城镇化率在 60% 以下的 14 个省份，围绕从个体、家庭、社区到城市四级分析单位设计研究框架，开展综合性、全方位、系统性研究。

第一，以个体为分析单位系统研究三类农业转移人口，主要包括"市场驱动型"的乡－城移民（农民工）、"市场－政策驱动型"的失地农民（涉农居民、被征地农民）以及"政策驱动型"的生态移民和易地扶贫搬迁移民。已有研究将其分为自愿性移民（voluntary migration）和非自愿性移民（involuntary migration）（Li et al.，2016b）。自愿性移民是中国城镇化最重要的形式，即农村居民自愿到城市就业，他们主要是受城市就业机会、较高收入和不同生活方式的驱动，在农村仍然拥有土地，并被正式登记为农村人口。非自愿性移民主要是由土地征用、环境或气候变化造成的，他们在目的地具有完全当地公民的身份，享有城市公民的社会保护。本研究认为非自愿性移民尽管是政策驱动的，但从程序到实质也是自愿的，特别是近年来随着赔付标准提升、安置办法改善，在一些农业效益较低的地区，农民是愿意且希望被征地的。随着城镇化政策的融合以及迁移模式的多样化，早期移民的边界日趋模糊，农民工可能同时也是失地农民，失地农民外出务工，可能仍然被统计为农民工。无论是在概念的外延还是内涵上，农民工、失地农民、生态移民及易地扶贫搬迁移民等概念在新型城镇化的政策框架下融合交织成一个庞大的农业转移人口群体，需要以包容的、系统的、综合的视角，设计整体性的分析框架，以及基于要素集聚度和社会融入度的交互评估模型，重新对该群体进行动态评估，建立科学的瞄准机制，识别群体内的分化、特征、问题及需求，进而准确定位这些个体及其家庭在市民化进程中的"区位"，为落户及配套公共政策的设计提供科学依据。

第二，以家庭为分析单位，重点研究随迁家庭、回迁家庭、留守家庭、风险脆弱家庭（儿童留守、老人留守），研究涉及家庭人口与资产要素的集聚度；家庭禀赋（资产收益、家庭收支结余）对社会融入、生活满意度的影响；家庭结构与家庭照顾，回迁家庭从联合家庭变为核心家庭居住模式，重抚幼、轻养老，给家庭照顾带来新的挑战。特别是要重视对欠发达地区风险脆弱家庭的能力建设、社会保护及家庭发展政策的研究。数据统计结果显示，脆弱高风险家庭（只有儿童在家）占农村留守家庭的比例达 5.58%，如表 0 - 1 所示。通过区域协调联动，引导跨省远距离迁移向就近就地城镇化转变，降低留守家庭的比例，促进家庭化迁移，降低经济成本和社会代价，恢复家庭正常结构和功能，实现"以人为核心"的城镇化。

表 0 - 1　农村留守家庭结构情况

单位：户，%

农村留守家庭结构	频数	占比
三留守家庭（老人、妇女或儿童留守）	23766	46.18
脆弱高风险家庭（只有儿童在家）	2873	5.58
脆弱高风险家庭（只有老人在家）	24826	48.24
合计	51465	100

资料来源：第六次全国人口普查数据。

第三，以社区为分析单位，研究农转居转型社区、生态移民社区、易地扶贫搬迁社区。对于农转居转型社区（翻牌社区），本研究将这类位于城乡接合地带，以原村民为主体逐步融入城市新居民的新型社区形态界定为"转型社区"。转型社区居民尽管在程序上获得城镇居民身份，但多数人的自我认同及社会认同仍是农民。本研究紧扣新型城镇化的区域特征，将欠发达地区典型的政策驱动型"生态移民社区"及"易地扶贫搬迁社区"系统纳入社会转型整体性的研究框架中。转型社区不等于城市社区，村委会变为居委会的"翻牌"和集中居住，并不意味着城市新社区能够自然形成。本研究的前期调研发现，转型社区的社区服务和治理水平滞后，真正意义上的城市社区和城市社会尚未形成。回迁、集中居住等导致原有邻里关系中断、社区参与不足，社区资本受到前所未有的冲击，原有的村落共同体的社区功能和自治能力几乎消失殆尽，而新型社区的管理和服务体系没有及时建立起来。

第四，以城市为分析单位，研究新型城镇化地方试点城市。以东部发达地区试点城市为参照，重点研究欠发达地区的新型城镇化试点的市县级城市。2020 年 12 月召开的中央农村工作会议明确指出要推动城乡融合发展，促进农业转移人口市民化，把县域作为城乡融合发展的重要切入点，赋予县级更多资源整合使用的自主权，强化县城综合服务能力。在县域范围内全面构筑起以县城、中心镇为龙头，以特色小镇为辅助，以农村社区、就地转型农村为补充的多层次县域就地城镇化体系（杨传开，2019）。本研究基于2015～2016 年国家发展改革委组织的全国试点评估案例，概括出 8 种试点模式：以云南红河、贵州湄潭为代表的特色小镇模式；以山东德州、云南呈贡为代表的两区同建模式；以广东深圳、山东威海为代表的智慧创新模式；以云南澄江、西藏曲水为代表的生态移民模式；以云南普洱、会泽为代表的易地搬迁模式；以福建晋江、重庆为代表的普惠型模式；以广东东莞、山东德州为代表的补需方模式；以四川成都、广东广州为代表的补供方模式。本书将从国内外城镇化研究，城镇化的人口、经济及社会机制研究，基础理论及重点应用理论三个方面梳理城镇化研究的发展脉络和研究状况。

四　对已有研究评述及进一步探讨、发展或突破的空间

已有研究极大增加了新发展阶段人口研究对于解决新型城镇化过程中的诸多社会问题、完善社会治理体系的贡献，积累了大量的数据资料和研究经验，提出了诸多具有启发性和开创性的观点和政策主张，不过，已有研究的投入和产出与新型城镇化发展态势和现实问题的重大战略意义不相符，学术创新和政策咨询的重要价值尚未体现出来。不同学科习惯于"单打独斗"开展碎片化的研究，或者从人口学角度研究农民工、失地农民等流动机制问题，或者从社会学角度研究社会融入和社区转型，对新型城镇化过程进行整体把握和深入思考，对内在驱动、评估机制、经济机制及制度机制等不同领域问题的叠加效应和复杂矛盾没有系统梳理。只有通过构建跨学科的研究范式，加强理论整合和混合式研究方法的综合应用，才能解答"以人为核心"的新型城镇化时代课题。

（一）研究内容局限性

（1）案例研究和应用研究滞后。研究与实践结合不紧密，学理性有余、硕果累累，但政策性、应用性不足，应进一步加强研究机构与政府职能部门的合作，建立畅通研究成果转化为政策行动的渠道，发挥政策研究在解决新型城镇化过程中一系列重大社会问题方面的作用，增强应用社会科学的智库研究和政策创新能力。研究缺乏跨学科的合作，在应对新型城镇化面临的复杂问题和深层矛盾时，不能有效发挥专业支撑的作用，没有形成集成研究和学科融合在攻坚克难中的优势。学界研究与政府职能部门的对话和合作不紧密，导致研究聚焦于数据模型的检验分析和概念的演绎，对现实问题的解决没有实质的促进意义，缺乏将理论研究转化为政策行动的动力

和机制，一些研究结论空泛、滞后、老生常谈。同时，地方实践难以进行相互总结和提炼，也没有科学的、专业的第三方的评估参照，新型城镇化的全国性、系统性的对策方案尚未形成。所以，当前最为迫切的是要加强对新型城镇化试点的研究，从地区比较的视角，总结地方实践的经验，加快构建评估指标体系和社会发展参照体系。例如，关于流动人口定居意愿的研究过于纠结方法层面要素回归及经验检验，而没有结合实际问题和政策方案进一步探讨如何将定居意愿转化为定居能力和定居行为，相反，在地方各城市试点经验中，却已经探索多样化的落户方案和路径。例如，云南红河哈尼族彝族自治州鼓励农业转移人口带资金、资源、技术返乡创业，2015 年返乡落户的有 5000 多人。关于户籍改革的研究强调放开城市户籍限制，关注跨省远距离流动和市民化，实际情况是农业转移人口更倾向于定居在市县和乡镇，但关于就近就地城镇化的研究不足。已有诸多关于公共服务均等化的研究结论和政策主张，但很少看到关于什么是均等化、如何实现均等化的深入、可操作的应用研究。本书认为公共服务均等化的内涵在于财政投入均等化、获得资格平等化、服务品质均等化、便利性和可及性（accessibility）的均等化。

（2）学科视野和研究理论的局限。对西方的社会融入理论、新迁移经济理论的借鉴和解释有余，理论发展、整合、建构不足。理论研究内卷化，将绝对化命题和概念在逻辑范围内进行封闭的循环推论，援引掐头去尾的案例或任意裁剪的经验事实作为"小前提"，将个别判断普遍化或绝对化（何明、周文，2019）。一些观点和主张莫衷一是，甚至南辕北辙，减弱学术研究的有效性，对农业转移人口迁移态势及互嵌格局的把握缺乏实质性、建设性政策意义。已有研究重视对迁入地利弊环境等客观要素的研究，忽视对流动人口行动主体能动性、内在差异性的研究以及对流入地及互嵌的建构性的研究。一些研究更加关注人力资本和经济资本在迁移机制中的影响，而对社会网络、社会资本及移民主体建构的研究比较薄弱。

（3）重理论性和解释性研究，忽略应用性、政策性、实务性研究。已有研究侧重于对人口流动问题的梳理和探讨，停留在问题描述和解释上，应用层面和政策研究比较薄弱，研究对政策调整和设计的针对性、操作性尚未充分彰显。本研究引入社会科学终端应用学科社会工作，发展社区社会工作，开展行动研究、政策评估，构建社区社会发展参照体系，实现将理论研究的成果转化为政策倡导和实践指南，将研究理念和结论充分应用到转型社区、生态移民社区的管理和服务实践中，消解征地拆迁重大民生问题的政治化、敏感性，倡导富有人间烟火、贴近社区生活的"生活政治"，兼顾专业科学精神和人文价值，并通过评估研究和专业介入，让政策研究"脱敏""去政治化"，将应用社会科学研究推向更高的水平。

（二）研究视角分散性

（1）社会融入的主体、客体及中介。具有不同文化认同、经济利益认同及社会认同的农业转移人口构成社会融入的主体。客体是以城市社会政策为核心，涉及公共资源分配的社会设置及制度安排，这些要素是决定社会融入的根本性因素。参照群体是互嵌的中介媒体，这些参照群体涉及处于中心、中上阶层，拥有较多社会资源的精英和主流优势群体。但是，已有社会融入研究大多围绕"客体"，忽视了对"主体"自身的动态研究。也有学者关注社会融入的中介媒体，研究在不同参照群体中农民工的公平感、幸福感等主观评判。《国家新型城镇化规划（2014—2020年）》《国家人口发展规划（2016—2030年）》《推动1亿非户籍人口在城市落户方案》等重要政策文件已开始强调差异化融入，提出"因地制宜、分类施策"的基本原则，引导人口向重点开发区域适度集聚，依据城市和人口规模实施"差异化落户政策"。但是，中央层面的制度设计不管是强调产业规模集聚化的差异化人口政策，还是因城市规模设置差异化落户制度，均是基于对政策、体制及城市空间等要素构建的社会融入客体的考量，而对社会融入主体农业转移人口自身的特质、群体内在的分化及差异的关注不足。

（2）本研究追本溯源，将研究重点聚焦于农业转移人口自身，测量评估农业转移人口及其居住社区内在分化的特征及影响，兼顾横向分化结构与纵向动态趋势，通过迁移机制、经济机制、社会机制系统分析，全面检视农业转移人口市民化进程及社会机理，进而提出在当前经济社会条件下重构新型民族关系、促进民族互嵌的现实路径，带动城镇化问题研究从泛而谈之向差异化、结构化研究不断深化，为推动我国欠发达地区的新型城镇化进程提供专业支持。

（三）研究方法单一性

（1）农业转移人口研究文献以质性研究为主，定量研究大多基于地方性小规模样本，少数研究尽管基于国家动态监测大数据应用，但也只是一般性经验研究，统计分析方法较为单一，指标设计缺乏学理依据和现实依据，甚至个别研究的统计分析方法还存在不规范、不科学的情况（回归没有做虚拟变量处理等）。更普遍的问题是数据识别不准确，分析方法与数据类型、数据结构不匹配，以及参照组和对照组缺失。数据类型包括连续数据、分类数据、时间数据、空间数据；数据结构涉及单级数据和多级数据、横向数据与纵向数据（乔晓春，2017）。农业转移人口的研究设计，要与当地人的公共服务、就业结构、社会适应等进行对照比较研究，如此才能发现农业转移人口及"流动"变量所带来的新问题，类似这样严谨科学的抽样设计和参照研究，在现有的研究中几乎看不到。

（2）大数据与专项数据的结合。来自国家权威部门大数据（流动人口动态监测调查数据、第七次全国人口普查数据），能保障样本代表性、抽样规范性，但因研究问题和变量的既定设置，不少研究在分析框架和变量选取时存在迁就原始数据的问题，在一定程度上降低数据模型的解释力，证据难以解释迁移定居动态的、复杂的现实问题。现有研究中全方位、多角度的数据开发不足，要进一步加强对少数民族人口迁移流动"多棱镜"多维度的系统研究。通过利用已有大数据动态监测和重大课题研究的专项数据以及地方性调研数据，完善数据结构，增强样本代表性和研究推论的稳定性，提升循证民族研究的科学性和规范性。

（3）单向回归因果分析、线性分析方法趋同，且截面数据不反映因果。自变量和因变量是同时发生的，所以，一次性的抽样调查数据严格来讲不能做因果关系研究（乔晓春，2017），亟待通过跟踪调查和纵向调查，增强因果研究和结构方程模型的科学性。马戎（1989）对内蒙古赤峰的人口迁移流动进行开创性的跟踪研究和实证研究，王延中、宁亚芳（2018）利用混合型数据开展实证研究，这些成果和经验为我们开展循证研究提供了重要的参考。总体而言，学界对流动人口全国性的纵向数据分析比较薄弱。本研究将充分挖掘 2012 年以来国家卫生健康委开发的宝贵的纵向数据的研究资源，与国家卫生健康委流动人口服务中心开展合作，启动流动人口动态监测和纵向研究，为把握流动人口的迁移发展态势和城市融入进程及现状提供科学的佐证，为推动循证研究贡献经验和知识。

五　本书的学术价值、应用价值和社会意义

（一）学术价值

（1）构建农业转移人口发展融合型社会政策体系。将理论取向、

价值原则、行动策略全面融合，兼顾互动关系和社会结构的理论取向，践行多元化与整体性、包容性与发展性、能动性与建构性价值原则，推动政策研究概念和观点向实践操作层面转化，增强政策研究的实效性和应用性，提出城乡一体化、公共服务均等化、社区治理现代化的政策目标。结合地方试点经验模式，提出公共服务均等化的实践策略："财政投入均等化""获得资格平等化""服务品质均等化""便利性和可及性的均等化"。吸收借鉴发展型社会政策和发展性社会工作的理论内涵，以实践为导向回应农业转移人口的现实问题，提出在欠发达地区财政预算不充分的条件下实现社区治理现代化的现实路径，加快发展专业社区社会工作，有效落实公共政策、传递社会服务，提升公共服务资源的效能，助力社区转型、更新与融合，为转型社区的社会发展水平做出科学研判和监测。

（2）推动循证社会政策研究范式的发展。构建"新型城镇化社会发展综合指数"评估机制，整合农民工和失地农民碎片化的研究范式，基于评估瞄准机制提升政策设计的科学化和精准度，通过交互评估模型和基础数据建立农业转移人口市民化瞄准机制。城镇化的核心要义是通过劳动力和资产要素的集聚提升经济效益和社会效益，以人为核心的城镇化更重视集聚带来的社会效益和整体性福祉。本书整合流动人口、农民工、失地农民碎片化的测量指标，在发展融合型理论框架下构建形成新型城镇化社会发展综合指数，建立全国动态评估基础数据，引入"要素集聚度"和"社会融入度"二维交互评估模型，对新型城镇化给数亿农业转移人口带来的影响、分化和社会结果进行系统科学的动态测评，对类型群体和迫切问题进行精准识别，筛选出"双高型""双低型""单向型"三大类别，将这些重点人群类别作为市民化和分流安置的突破点。

（3）本研究摒弃城镇化研究的整体论、单线式、封闭式的观点，注重矛盾驱动和均衡发展机制的研究，强调以城乡失衡、经济社会生态失衡、区域失衡以及农业转移人口群体的分化为政策改革和机制创新的动力，应用评估瞄准机制，提出差异化、适切性和针对性市民化方案和就业促进策略，兼顾"城市融入"和"返乡分流"，带动不同层级就业人口的职业发展和层级流动，促进农业转移人口在总体向上流动的过程中融入城乡社会。

（二）应用价值

本书的应用价值集中在以下三个领域，即新型城镇化社会发展综合指数的构建及应用、发展融合型社会政策体系的设计及现代社区社会治理模式，评估研究、试点模式总结分析为决策部门和职能管理部门提供科学依据和政策参考。

（1）基于动态监测数据检视评估农业转移人口及转型社区的现状及发展水平，深入系统解析新型城镇化的内在驱动机制、评估瞄准机制、经济促进机制和政策行动机制，基于循证研究方法，主要解决农业转移人口与差异化落户政策之间的精准对接问题，改变已有政策重复设置、碎片化的现状，通过改善政策设计和传递机制来提升公共政策的管理效能，通过应用型学科建设及智库建设带动社会治理模式的创新。

（2）以要素集聚度和社会融入度为基本维度，通过交互类型分析开展循证研究，精准识别农业转移人口市民化的基本状况和融入进程。通过这些趋势和方向的科学把握，获得对新型城镇化发展格局的预测，明确政策规划目标，循证的动态监测研究越来越受到学界和管理部门重视。课题组在借鉴国际社会融入评估指标体系的基础上，整合我国流动人口社会融入、失地农民生活满意度等指数研究，以国家新型城镇化重要发展纲要为参照，引入民生福利、文化适应、社会交往等社会发展的重要变量，拓展细化测量指标，构建综合评估的指标体系。

（3）形成多措并举、政策融合的发展路径。欠发达地区要抓住乡村振兴、易地扶贫搬迁政策与新型城镇化融合的发展契机，尽快形成政策合力：流出地层面要促进农村资产要素自由流动与集聚，"带资进城""带权进城"缓解市民化分担机制，推进跨省迁移的存量人口尽快落户，促进家庭迁移；以建档立卡户落户支持、人才支援计划、社会保险跨省统筹、产业转移等为突破点，打造区域协调联动的政策机制，探索就近就地城镇化的现实路径，补齐欠发达地区新型城镇化的短板，促进区域均衡可持续发展。

（4）推动现代社区社会治理模式发展，让"微治理"释放大能量，最终形成"共建、共治、共享"的社会治理新格局。习近平总书记指出："要加强和创新基层社会治理，使每个社会细胞都健康活跃，将矛盾纠纷化解在基层，将和谐稳定创建在基层。"[①]将市民化研究置于社区生活的现实场域，形成社区社会发展四级参照体系——"目标达成型""发展进取型""维稳保守型""风险隐患型"，发挥"目标达成型"社区的示范效应，化解"风险隐患型"社区的矛盾和紧张，提升社区转型的精准化治理水平。积极引入社会政策、社会工作专业方法技能，探究完善农业转移人口、民族互嵌社区社会服务的方案和政策，促进少数民族人口有序流动，为其在城市实现可持续发展、享有更美好的城市生活提供支持。社会治理共同体的基础在基层、重点在社区，要把社区共同体建设理念融入社会治理现代化实践和未来社区建设之中。在社会转型持续深入、社会体制改革不断深化的背景下，亟待探索现代化的社会治理模式和实践创新。

（三）社会意义

（1）社会建设旨在促进农业转移人口市民化，使其享有融入城

---

① 《共建共治共享，拓展社会发展新局面》，《人民日报》2020 年 8 月 28 日。

市的平等机会和市民社会权利，同时注重培养市民素养，建立经济、社会、生态协调均衡的发展观。农业转移人口市民化是我国从农村社会向城市社会转型的基本要求，农业转移人口的城市融入及其互嵌格局的发展，不仅是新型城镇化战略目标的重大任务，也是民族共同体国家建设的根本政治要求。本书紧扣民族互嵌过程中的迁移机制、经济机制、社会机制和制度机制，调整城市民族政策，构建适切、有效的民族互嵌融合机制，带动民族互嵌社区社会治理的研究和实践。从农村向城市转移就业的移民逐渐失去原来乡村社区中的位置（吉登斯，2003），日渐远离乡村的社会关系与生活方式。"儿童相见不相识，笑问客从何处来"，道出千万流动人口城乡漂泊、"双重脱嵌"的无奈与辛酸。所以，本研究旨在从总体上促进我国农业转移人口顺利实现市民化，助力"一带一路"建设及精准扶贫国家发展战略，促进欠发达地区经济社会跨越式发展，不仅是新发展阶段促进经济内循环、推动新型城镇化发展的应有之义，也是实现区域均衡发展、积极应对世界百年未有之大变局的政治要求。

（2）欠发达地区要抓住社会转型和人口流动的发展契机，构建区域协调良性互动的管理机制，创新协同治理新模式，夯实市民化和城乡一体化社会基础，最终为实现"以人为核心"的新型城镇化建设注入持续的、稳定的发展动力。让庞大的农民群体在现代化进程中有所作为，充分享有现代化发展的阳光雨露，而不是在就业、收入和福利等方面成为迥异于城市居民的"二等公民"（赵树凯，2018）。市民化能够进一步释放经济增长活力，改善流动人口公共服务，提升流动人口的就业质量和生活福祉，构造有归属感的共同邻里空间。本研究以构建城乡平衡、区域协调、均衡发展的制度体系和治理模式为导向，践行"人民至上、以人为核心"的发展理念，突出"新"字、写好"人"字，把城乡一体化建设及平等公民权作为观察与研究新型城镇化问题的重要参照，这既是理论研究始终要保持的宏观参照和解释维度，也是新阶段内涵式发展的终极目标。欠发达地区特别是边境口岸城市的城镇化研究对于边疆稳定、民族团结和国防安全具有重要的政治意义，为应对百年未有之大变局、实现民族复兴、开创现代社会治理新格局贡献专业力量。

（3）农业转移人口市民素养的培养。本研究兼顾互嵌机制、结构和主体，重视发挥农业转移人口在互嵌过程中的主体性、能动性、建构性，注重释放政策动力和激发内生动力，摒弃等、靠、要的依赖思想及听天由命、羞于言商、耻于竞争的消极观念，加强文化建设和社区教育，让农业转移人口树立正确的市场观、人才观、竞争观、发展观等主流价值观，为适应城市生活、融入社区发挥主体积极作用。2019 年，国家发展改革委在《关于支持云南省加快建设面向南亚东南亚辐射中心的政策措施》中提出五大政策举措，推动孟中印缅经济走廊建设，"一带一路"为民族地区的发展带来前所未有的重大机遇和挑战，将全面改变边疆民族地区的经济架构和发展模式，欠发达地区从边陲转变成为面向南亚、东南亚开放的前沿和区域经济圈建设的中心，也为我们在新的国际、国内形势下推动新型城镇化发展提出新课题、新任务。本研究在更广泛意义上为推动共建"一带一路"国家实现可持续的就近就地城镇化提供中国方案、贡献中国智慧。

第一章 国内外城镇化研究学术史梳理

一 以人为核心、提质增效的新型城镇化

（一）新型城镇化的政策目标

城镇化的本质是由规模经济带动人和资源的流动和集聚，从而拓展城市空间。随着城镇化的进一步推进，移民和流动不断出现新的特征、引发新的矛盾和社会问题。粗放型城镇化陷入"四高"（速度、规模、经济发展、资源损耗）、"四低"（质量、管理水平、社会发展、环境保护）的发展困境（姚姿臣，2018）。要对城镇化的运行机制和质量重新进行审视，全面总结传统城镇化的成效和弊病，结合不同区域经济社会发展的特征，探索提质增效、以人为本的内涵式新型城镇化路径。①到 2030 年，我国的城镇化率将达到70%，约有 10 亿人生活在城市；中国将成为以城市社会为主的现代国家，迁移流动已经成为关乎我国人口发展态势及社会转型的全局性的主导因素（国务院发展研究中心课题组，2014；张翼，2011；Gu，2014）。所以，要加快新型城镇化进程，抓住国内经济内循环的大市场，通过转移就业继续减少农民、增加市民，畅通农村人口向城镇迁移流动并融入城镇的社会渠道。②中央政府顺应发展趋势做出一系列重要制度安排，《国家新型城镇化规划（2014—2020 年）》《国

家人口发展规划（2016—2030 年）》《中华人民共和国国民经济和社会发展第十三个五年规划纲要》明确提出新型城镇化要推进农业转移人口在城镇落户，提出"以人为核心"依据城市产业和人口规模实施"因地制宜、分类施策"差异化融入的落户政策；《推动 1 亿非户籍人口在城市落户方案》进一步明确七大部委的政策行动目标和职责任务，制定操作性强的实施方案，特别是要加快实施以促进农民工融入城镇为核心的"一融双新"工程，优先解决在城镇就业居住 5 年以上和举家迁徙农民工这部分重点群体的落户问题。③社会下层群体规模巨大，但变迁的趋势是中产的比例在持续上升；大规模农业人口向城市迁移，个人努力、教育、收入、财富和资本成为地域流动和阶层上升的重要拉力，而户籍、家庭出身、民族等先赋因素的作用式微，社会流动率不断提高，移民在总体向上的流动中逐步融入城市社会（李强，2018；李春玲，2007；刘建娥等，2018），这不仅是现代社会发展的必然趋势，也是解决我国当前最主要社会矛盾"不平衡不充分的发展"的重要社会机制。通过劳动力资源的重新配置，在全国市场范围内释放"内循环"发展潜力，带动勤劳智慧的少数民族民众改善生活状况，提升收入水平，在城市追求美好生活，"民各甘其食，美其服，安其俗，乐其业"（《道德经》）。正如亚里士多德（2006）所言，城邦是若干家庭和社区为了追求自足而至善的生活结合而成的，人们为了生活得更美好而居留于城市。流动人口公民权利的获取与现代国家的构建密切相关，新型城镇化以提升人的权利、能力及幸福感为核心，以增进农业转移人口的集体福祉为政策目标，促进迁移流动人口的社会融入，完善社会服务传递体系，增强人民的幸福感和公平感（翟振武等，2015；倪鹏飞，2013；任远，2016）。

（二）新型城镇化的话语体系

"以人为核心"的城镇化，要推动话语体系的转变，形成支持、接纳、包容、融入的研究语境，构建良好的人文社会环境和社会动员机制。特别是对农业转移人口（农民工）鼓励、肯定、赞誉的舆论氛围有利于促进社会整合。首先，流动人口内涵的改变。接近一半的流动人口（非户籍人口）是"被流动的"，他们已经长期居住甚至定居在城市或城镇；人口大规模流动的现象已然成为过去，流动人口政策要从鼓励流动转向鼓励定居和稳定就业，促进家庭化迁移，有安定的家庭生活和城市居所（关信平，2014；翟振武等，2019）。数据显示，四成左右的流动人口在流入地居住 5 年以上，超过两成的已经达 10 年（国家卫生健康委员会，2018）。本研究统计发现少数民族流动人口在流入地居住时间在 5 年以上的比例为 41%，超过 10 年的比例为 23%，与全国流动人口的情况没有明显差异。[①] 其次，对待流动人口的价值取向和社会态度发生根本的转变。一些城市为应对劳动力短缺和民工荒，启动各种人才激励机制来"留人""抢人"。常用的称谓已经从"流动人口""低端劳动力""农民工"向"城市居民""新市民""乡－城移民"转变，逐步消解由流动人口身份的固化带来的社会歧视及刻板印象，扭转早期流动人口导致城市犯罪率升高、抢饭碗、民族矛盾冲突增多的负面看法。例如，基础性服务岗位纳入城市人才评审和新职业岗位发展规划中，"外卖小哥"成为正式的"网约配送员"[②]；杭州外来务工快递小哥评上高层次人才，获住房补贴引起媒体广泛关注；中小城市要抓住"抢人"先机，激发定居意愿，提升定居能力（林赛南等，2019）；通过住房公积金能留住进城流动人口（汪润泉、刘一伟，2017）。"跨入工业文明的庄稼人，他们普普通通的打工生活，却构成了一个伟大社会变迁的过程，正是这种脚踏实地、艰苦奋斗、勇于改变生活和命运的日常精神，支撑起我们民族的脊梁。"（李培林，2018）

---

① 数据来源于 2017 年全国流动人口动态监测调查数据。

② 《共建共治共享，拓展社会发展新局面》，《人民日报》2020 年 8 月 28 日。

二 中国城镇化相关研究的理论争议、发展脉络及评述

学界聚焦于对农业转移人口、村庄拆并及城镇化路径重大问题的研究，形成批判论和发展论两大基本理论取向。

(一) 批判论

政府主导的制度安排与政策设计旨在平衡急剧城市化带来的诸多消极因素 (Taylor-Gooby，2016)，然而，在单一追求经济效益的发展模式下，一些地方政府用行政手段借助市场力量直接干预农村社区的拆并；"被城市化"的村民往往将生活困境全部归咎于政府，对政府有着无限诉求，政府承担无限的责任，导致政府"深陷"社会 (毛丹，2010；黄锐、文军，2012)，在城镇化过程中形成"国家企业主义" (Wu et al.，2017) 和行政型社会 (王春光，2017)。地方政府与市场精英共同构建"代理型"与"谋利型"双重角色，生态治理在实践过程中不仅偏离环境保护目标，还损害了农牧民的生计利益 (荀丽丽、包智明，2007；陈娟，2016)。社会焦虑和社会紧张关系演变成冲突，用金钱购买社会稳定只能解决问题的一部分。应加强多层次治理和跨区域协调，提高政策透明度和法治水平，调整再分配制度，整合城乡社区治理结构 (Li et al.，2016a)。贺雪峰 (2020) 认为农村是中国现代化的稳定器和蓄水池，反对激进的城市化方案，农村为流动人口提供了应对危机的退路和基本保障。《中国民政统计年鉴2011》显示：我国村落的数量正在以惊人的速度逐年递减，村委会数量10年间 (2001~2011年) 平均每年减少约1.1万个，平均每天减少约30个。一些地方政府在"合村并居"过程中，不顾地方实际情况，不考虑拆迁成本和未来发展，强行简单拆除，降低回迁房建设质量标准，致使广大民众的生产生活利益受到严重

损害（周天勇，2019；温铁军，2020）。

（二）发展论

第六次全国人口普查数据表明，2010 年中国"离土不离乡"的就近迁移人口占农民工总量的 53%（谢永飞等，2013）；对太仓、成都的个案研究进一步表明，就近城镇化能够缓解大城市的人口压力，降低迁移成本，避免家庭分离等社会问题（吴业苗，2010）。以土地扩展为核心的粗放型发展模式正在向集约型、可持续的新型城镇化转变，推动城镇化从土地城镇化向人的城镇化、制度城镇化不断深化，从异地城镇化向就近就地城镇化转变（倪鹏飞，2013；李强等，2015）。在我国"市民"已经成为身份资格和市民权利的外在指征（杨菊华，2015），市民化既是农民经历从乡村"脱域"到城市"嵌入"再到"互嵌、融合"的过程，也是逐步获得城市人身份标识和社会权利的结果。

三　我国中西部欠发达地区新型城镇化的困境、机遇与挑战

（一）新型城镇化的突破口、增长极在中西部地区

人口流动趋势显示，中西部地区吸纳就业的农民工数量在不断增加，为中西部欠发达地区新型城镇化带来机遇和挑战。中西部欠发达地区要将乡村振兴、精准扶贫和新型城镇化战略结合，形成政策合力，加强区域协调联动，促进欠发达地区的农业转移人口就近就地城镇化。《国家新型城镇化规划（2014—2020 年）》提出，到 2020年底，我国常住人口城镇化率达到 60% 左右。根据《中国统计年鉴（2021）》，截至 2020 年，全国常住人口城镇化率已达到 63.89%，

超过规划的既定目标，但分地区来看，我国仍有 10 个省区暂时未达到规划设定的人口城镇化发展目标，这些省区主要集中分布在经济相对欠发达的中西部地区，包括西藏、甘肃、云南、贵州、广西、新疆、河南、四川、安徽、湖南。2020 年 11 月，《中共中央关于制定国民经济和社会发展第十四个五年规划和二〇三五年远景目标的建议》提出要推进以人为核心的新型城镇化，完善财政转移支付和城镇新增建设用地规模与农业转移人口市民化挂钩政策，强化基本公共服务保障，加快农业转移人口市民化。国家统计局发布的《2021 年农民工监测调查报告》显示，至 2021 年，全国农民工总量约 2.9 亿人，比上年增长 2.4%。其中，外出农民工约 1.7 亿人，增长 1.3%；本地农民工约 1.2 亿人，增长 4.1%。从区域来看，东部、东北地区吸纳就业的农民工数量减少，中西部地区吸纳就业的农民工数量却在不断增加。中西部地区积极转变发展观念，确立以人为本的理念，摒弃对农民工、流动人口的偏见和刻板印象，从经济社会均衡发展、拉动内需、激发经济发展动力的高度看待农业转移人口的市民化问题，利用农业转移人口定居城市带来的区域性人口红利，充分挖掘中西部欠发达地区新型城镇化的内在潜力，抓住发展契机，加快推进经济、社会、生态良性互动和可持续发展的内生动力。

（二）欠发达地区经济基础薄弱，农业转移人口的可持续生计面临挑战

本研究基于 2017 年全国流动人口动态监测调查数据，分析发现发达地区农业转移人口的收入水平、就业机会、社会保障水平、定居城市比例显著高于欠发达地区，社会融入水平没有显著差异。从社会保障情况来看，发达地区乡－城流动人口的城镇职工基本医疗保险参保率为 21.52%，而欠发达地区乡－城流动人口的城镇职工基本医疗保险参保率仅为 8.30%。东部特大城市对外来人口的包容度高、吸引力强，职业流动现象显著（李培林、崔岩，2020）。发达地区失地农民凭借产业集聚优势，能够较快在本地非农产业就业，被雇用率和就业收入均高于欠发达地区。发达地区（北京、山东、上海、广东等）的失地农民能够较快进入当地二、三产业就业或创业，被雇用率高，且发达地区较高的土地补偿费形成经济资本优势，失地农民更易从事技术人员和管理者等较高层次工作或灵活就业，获得较高经济收入（汪险生等，2019；Ma and Mu，2020；张新洁、黄少安，2017；陈浩、陈雪春，2013），发达地区农业转移人口的个人及家庭收支水平均显著优于欠发达地区。欠发达地区（甘肃、安徽、河南、贵州等）的失地农民主要从事传统的农业经营，非农就业经济基础较弱，就业机会缺乏、渠道狭窄、适应性弱，整体就业率较低，大多选择外出务工、从事基础服务性工作（何力，2015；汪险生、郭忠兴，2017；谢赛玲，2015；吴靖，2017）。可见，亟待增进欠发达地区农业转移人口的就业促进和社会提供，补齐民生短板，实现区域均衡发展。

（三）推动欠发达地区的经济、社会、生态均衡协调发展

中西部地区"市场驱动型"城镇化和"政策驱动型"城镇化总体均是在产业结构单一、市场基础薄弱、实体经济发展相对滞后的条件下推进的。一方面，西部欠发达地区和全国情况大体一致，即"市场驱动型"城镇化，因城市发展的需要向周边村落扩展；另一方面，生态脆弱区城镇化形成突出的区域性特征——"政策驱动型"的生态移民，生态保护治理项目导致湖滨村民举家搬离世代生息的村落，移居群众被集中安置到城镇回迁房社区。云南省先后启动滇池、抚仙湖和洱海三大湖泊环湖区"四退三还一保护"政策，带来大规模的生态移民和失地农民。生态保护举措直接降低地方财政收

入水平，而且这些区域大多处于欠发达状态，甚至是贫困山区。当地政府为保护国家天然水资源战略储备库抚仙湖，关停帽天山磷矿，把市值 200 亿元的宝藏永远埋在大山深处，这些举措给地方财政和就业带来较大的冲击。在新型城镇化进程中如何处理好经济发展与生态保护、经济增长与人民福祉的关系，将"绿水青山"转化为惠及村民并造福子孙后代的"金山银山"，成为长期困扰地方政府和民众的首要问题。高原淡水湖泊保护及治理工程已然超越地方价值，与国家发展战略紧密相连。习近平总书记 2015 年明确提出将云南建设成生态文明建设排头兵，面向南亚、东南亚辐射中心，实现跨越式发展，服务和融入国家发展战略。

四　中国城镇化路径的研究

（一）　中国城镇化模式及发展路径研究

国内学者开始关注城镇化可持续发展、区域差异，积极探讨新型城镇化的发展方向。20 世纪 70 年代末，城镇化概念逐渐被引入我国。城镇化包括"城市化"和"农村城镇化"，分为产业综合体模式、旅游小镇集群化模式、产城融合一体化模式、旧城改造模式以及新兴农村社区模式五种基本模式（李圣军，2013；唐余宽，2017）。从人口城镇化视角看，农村人口向城市集中是城镇化的基本特征，城镇化既表现为城镇数量增加，也表现为城镇人口规模扩大（杨重光、刘维新，1986）；从经济城镇化视角看，城镇化是非农产业在城市空间集聚的过程，人口转移和集中仅仅是城镇化的表现形式，而经济活动集聚才是城镇化最根本的内容，城镇化是各种非农产业发展的经济要素向城市集聚的过程，主要通过工业化、专业化分工等来实现（叶裕民，2001；许成安，2002）。吕萍等（2008）

较早提出了土地城镇化的概念，指出土地城镇化是土地条件由农村形态向城市形态转化的过程，并以建成区面积占区域总面积比重作为土地城镇化水平的重要衡量指标；魏冶等（2013）则强调社会城镇化，意味着乡村生活、行为方式等逐渐转变为城市生活、行为方式的质变过程。学者们聚焦于城镇化的规律、特征、因素及动力机制开展研究：以城镇化阶段作为划分依据，可分为集中型和分散型城镇化；以城镇化和工业化关系作为划分依据，城镇化发展模式可分为同步型、超前型和滞后型城镇化；以城镇化规模作为划分依据，城镇化发展模式可分为小城镇、大城市和大中小城市相结合城镇化；以城镇化发动主体作为划分依据，可分为"自下而上城市化"和"自上而下城市化"（崔裴、李慧丽，2012；郑德高，2013）。针对不同发展阶段城市和地区差异，从各类地区的现状特征出发，研究差异性的发展调控路径；从经济发展、生态安全及社会稳定的角度提出城镇化发展分类路径。基于区域一体化背景，研究了长江三角洲地区城镇化发展机制与路径（周祥胜等，2012；马远，2011；张岩，2012）。从突破制度障碍、保障动力机制和促进可持续发展等方面提出新型城镇化战略背景下我国城镇化发展之路，提出城市多元化、网络化、现代化、可持续发展的城镇化路径（王超，2013）。另外，还有从城乡统筹视角、产业集群视角、低碳视角、主体功能区视角等不同视角分析我国城镇化优化调控路径及发展策略（向建、吴江，2013；李猛，2011；刘桂文，2010），重视干旱区、喀斯特地区、高寒地区等生态环境脆弱地区的城镇化发展路径的研究（张理茜、蔡建明，2010）。小城镇可以依靠大城市逐步发展扩大，随着科技进步和数字化发展，新型城镇化又提出了智慧城市的理念，即利用互联网技术与大数据，构建服务便利、生态清洁、科技快捷的新型城市，发挥创新驱动对小城镇转型升级的动力作用（Abella et al.，2017；Yigitcanlar et al.，2018）。这些研究更偏重城镇化现状及特征差异，对城镇化的经济社会机理和内在驱动力的研究则相对偏少。

（二）欠发达地区城镇化研究

欠发达地区大多存在城乡不协调、大城市带动能力弱、中小城市数量少、城镇规模小、发展不平衡、管理粗放、生态环境持续恶化等不利因素，应基于地区优势因地制宜探索多样化的城镇化路径。

（1）生态城镇化。土地资源丰富的欠发达地区，利用当地资源将自然优势转化为经济优势，可依据乡村振兴战略，建设"田园综合体"，坚守绿色生态底色，弘扬乡土文化；矿物资源丰富的部分欠发达地区，可走"产城融合"发展路径，产业集群化为新型城镇化建设赋能（周冲、吴玲，2014）。欠发达地区的新型城镇化还可以走城乡融合发展路径，通过城乡资源要素的流动、交换和融合，实现城乡一体化发展，从而能够有效带动农村发展（辛宝英，2020）。生态城镇化是实现欠发达地区新型城镇化的必由之路（余达锦，2015），以文化旅游为基础的特色小镇建设也是新型城镇化的重要方面。陕西照金和江西江湾利用自然优势打造旅游综合产业，实现旅游主导、产业集聚、宜居宜业的新型城镇化。甘肃、吉林的小城镇及河北的欠发达地区具有生态区位优势，应打造精品化特色产业，利用地理优势，打造文化观光、旅游休闲产业，打造以特色县城产业为核心的新型城镇化，发展农副产品深加工带动型、资源优势带动型、工商贸易带动型、公共服务设施带动型、生态旅游带动型等特色产业，创新就地城镇化发展模式（黄莺，2017；刘军，2015）。

（2）就近就地城镇化。依据农民的意愿、生存发展能力和经济实力引导他们就近循序迁入地级市、县级城镇及中心村就业定居，促进人口集聚，并鼓励有条件的小城镇和村庄就地改造，探索就近就地城镇化模式，减少城镇化的制度障碍和成本，促进区域均衡发展（李强等，2015）；在县域范围内全面构筑起以县城、中心镇为龙头，以特色小镇为辅助，以农村社区、就地转型农村为补充的多层次县域就地城镇化体系（杨传开，2019），推进"重点镇""特色小镇""综合性小城镇"建设。在大力发展城市群的同时依托县城和县域中心镇发展中小城市，利用大城市的辐射作用，推动中小城市新型城镇化（安树伟、孙文迁，2019）。欠发达地区可通过人力资本积累驱动新型城镇化，通过职业教育提高农民再就业能力，推进实现"人的城镇化"。增强农业转移人口人力资本再投资意愿，通过贸易交流实现基本公共服务公平共享（高春亮、李善同，2019）。贵州注重发展数据产业；河南大力推进传统特色产业小城镇；都市圈带动型的成渝模式，依靠大城市的辐射带动中小城市的发展（刘刚、张昕蔚，2019；程文亮，2020；岑剑等，2018）。

五　国际城镇化研究脉络

（一）城镇化概念的提出及相关理论研究

（1）早期概念和理论模式。美国学者赫茨勒（1963）指出城镇化是指人口从乡村流入大城市及人口在城市的大量集聚。赫希（1990）认为城镇化是从以人口稀疏、劳动强度大且个人分散为特征的农村经济，转变为具有基本对立特征的城镇经济的发展过程。Wirth（1938）认为城镇化是农村的日常生活习俗、习惯、制度等方面不断向城镇生活方式转变的过程。美国地理学家Friedmann（1965）将城镇化过程区分为城镇化Ⅰ和城镇化Ⅱ：城镇化Ⅰ指非农人口和非农业活动等在不同城市地域集中的过程；城镇化Ⅱ指城市文化、价值观及生活方式等在农村空间地域扩散的过程。城镇化是农村理念、行为、生活方式等不断转变为城市理念、行为、生活方式等的基本演化过程。学界逐步提出城市地域结构扇形理论、多核心结构理论、多中心城市模式、区域城市化模式、城市发展阶段模型等系列城镇化理论框架（Hoyt，1939；Harris and Ullman，1945）。

（2）城镇化调控策略。二战以后，随着世界城市化的进程不断推进，城市生态环境问题愈演愈烈，抑制城镇过快增长逐渐成为当前世界城市研究最关注的话题；尤其在20世纪80年代以后，随着全球城市蔓延现象不断加剧，如何抑制城镇化过快发展成为城市研究焦点，进而导致了新城市主义（The New Urbanism）、紧凑城市（Compact City）、精明增长（Smart Growth）等城市可持续发展理论思潮涌现（方创琳、祁巍锋，2007）。另外，南半球发展中国家"城市病"日益显现，相继提出了建设新城、控制规模等一系列城镇化发展的调控策略（韩琦，1999）。随着世界信息化和全球化不断推进，经济运行方式、格局正在发生剧烈变动，并对传统城镇化理论产生巨大冲击及影响。斯科特提出"全球区域城市"（GCR）的观点，并认为城市群、都市区、都市圈等概念的出现反映了巨型城市空间的崛起，已成为当今世界城镇化的显著特点，城镇化的内涵与外延也变得更复杂（Scott，2001）。国外学者主要从静态和动态等不同视角对城镇化发展模式进行较多解释，但对城镇化发展模式的制度创新、动力机制等的研究则相对较少。

（二）城镇化的国际经验比较

①以英、法、德为代表的欧洲发达国家的共同点是工业化与城镇化同步，走市场推动和政府调控并行的城镇化道路，中小城镇群发展均衡。英国推行"城市绿带政策"、"新城计划"及田园城市实验来解决大城市病问题、治理环境污染。法国城镇化受小农经济影响，大城市发展比较慢，中小城市在城镇化体系中占据了重要地位（陆伟芳，2017；周彦珍、李杨，2013）。德国是欧洲城镇化发展最均衡的国家，"小而美"的小城镇群模式引人注意。德国城镇化发展

从一开始就遵循"以中小城市为主，均衡发展"的原则，在城镇化进程中注重市区与郊区、本地人口与外来人口的协调发展，注重居民权利均衡及公共服务均等化，坚持用立法推动城镇化建设和城镇文明普及（高宝华，2017）。欧洲地中海边缘沿海地区城市化的扩张新机制，主要依赖于旅游业的促进作用，西班牙东北部的城镇吸引大量移民定居，出现逆城市化潮流（Cuadrado-Ciuraneta et al.，2017）。②自由市场型的城镇化发展以美国为代表，两个显著特征是大都市化和城市人口郊区化，市场机制在城镇化发展过程中对资源的配置较为高效，有利于打破区域间行政藩篱与人为的隔离封闭，加快城镇化进程，但是，由于政府调控手段比较薄弱，市场主导的城镇化出现了放任自流的发展态势，初期城市问题相当严重、城乡冲突剧烈；聚集之后又出现经济活动由城市中心向郊区转移的"逆城市化"现象，带来的"过度郊区化"产生了土地资源浪费、资源过度消耗、贫富差距加大等经济社会问题（李圣军，2013）。③亚洲国家的经验。日本的"都市圈"和"城市带"空间模式，在世界中心城市的空间地域结构中具有典型意义。韩国在城市发展中首位城市的集聚度和优先增长非常突出。日本与韩国城市体系结构在工业化进程中演变的主要特征都是少数中心城市获得优先集中发展。城市体系在空间分布上的不均衡性对区域经济的发展产生了长期而深刻的影响。新加坡是世界有名的花园城市，其城镇化建设以可持续发展为目标，统筹经济发展、土地利用和交通网络连接；城市建设尽现人本生态人文环境，创新"组屋"模式，社区布局合理完善（高荣伟，2020）。④巴西、印度和非洲国家都存在"过度城镇化"现象，即工业化落后于城镇化，其城镇化特点是城市人口集中于少数特大城市，人口倾向于在大城市集中，城市首位度高，中小城市发展缓慢或停滞（王枫云等，2018）。

第二章 新型城镇化的人口机制、经济机制及社会机制研究评述

一 新型城镇化的人口迁移流动机制研究评述

（一）人口流动开始从早期青壮年劳动力的转移逐步进入家庭化迁移阶段

传统移民研究局限于个体劳动力的经济诉求，而家庭及家庭政策研究视角的引入，使移民从简单的"劳动力"还原为有着多元需求与角色的完整"社会人"。主流研究大致形成"经济决定论"—"资本决定论"—"社会制约论"的发展脉络。①早期经济学家认为工资差异是移民的主要动因，移民是预期收入最大化的选择，预期收入不仅由工资差距决定，也与就业机会有关（Todaro，1969）。20世纪80年代，新迁移经济理论把家庭看作追求收益最大化的主体。劳动力迁移取决于家庭预期收入最大化和风险最小化（Stark and Bloom，1985）。上述观点强调移民预期收入最大化的经济理性，"经济决定论"缺乏对涉及家庭等广泛社会因素的关注。②石智雷、杨云彦（2012）进而提出"家庭禀赋"对农村劳动力迁移的影响机制，"家庭禀赋"是指由人力资本、经济资本和社会资本构成的家庭资源。他们认为较高的人力资本促进外出就业，较高的经济资本和

社会资本则促进回流返乡就业。"资本决定论"丰富和发展了单一线性的"经济决定论",从正面充分论证了家庭在移民决定因素中的复杂影响。③"社会制约论"反面立意,强调城市的社会提供与社会政策的滞后,制约农民工家庭的城市融入。经济发达和欠发达地区,完整家庭式流动的比例都较低,发达地区家庭团聚的生活成本较高,而欠发达地区优质资源的不足对流动人口携家带口的吸引力不够(杨菊华、陈传波,2013)。农民工返乡是城市政策与城市社会所形成的定居障碍的结果;捆绑福利的户籍制度使人口流动的推拉力失去效力,造就了农民工融入与返乡的不同生命周期和生存策略(翟振武等,2011)。

家庭化迁移日渐成为人口流动迁移的主体模式,《2013年全国农民工监测调查报告》显示,到2013年,举家外出农民工达3525万人,约占外出农民工总数的20%,特别是新生代流动人口的核心家庭成员在流入地共同居住的占六成(《中国流动人口发展报告2018》)。而且,本次调研数据表明农民工在城市居住时间均值达7年之久。近年来,许多国家将社会政策主要的关注层面投向家庭,不断探索新的福利政策安排,政策导向发生两个显著转变:家庭的自我保障转变为由社会与政府共同支持;家庭政策从支持型转变为发展型,从满足家庭最基本的生存需求转向建构家庭的基本功能,进而提升家庭能力(《中国家庭发展报告2014》)。2014年5月,国家卫生计生委首次发布《中国家庭发展报告2014》,强调以家庭为基本单位,加快构建我国家庭政策体系,推动建设适度普惠的家庭福利津贴政策、家庭救助和家庭能力建设等重点领域政策。我国的专家学者从家庭变迁、家庭幸福发展指数等视角展开研究(杨菊华、何炤华,2014),提出关注新生代农民工和流动人口子女、重视提高流动人口家庭福利的政策主张(段成荣等,2017b)。农民工社会政策设计要适应家庭化流动趋势,满足流动人口家庭而非个体劳动力的需求，重点解决好促进农民工家庭团聚、增进家庭功能带来的一系列需求和问题。

（二）从乡－城单向流动向县域循环、返乡分流等多样化的迁移方式转变

我国人口流动总体上看从"钟摆式"临时性迁移向中长期居留转变（关信平，2014；翟振武等，2019）。同时，迁移态势朝向多样化发展，循环式迁移、返乡流动都成为新的重要特征。杨荣（2016）对云南楚雄牟定彝族自治州进行调研发现少数民族流动人口"城市打工—县城买房—返乡（县城和乡村）"的迁移模式，他们背井离乡到云南昆明、广东及江浙地区务工，到县城买房，也是移民财富积累的方式。国内学者借鉴新经济迁移理论研究我国当下人口迁移流动及家庭化迁移机制。研究主要围绕四大焦点问题：一是迁移时间，即临时性移民与永久性移民研究；二是迁移动因到底在个人还是在结构；三是分析层次究竟应该是个人还是家庭；四是迁移的原因、影响及持续模式。如果说迁移流动主导我国未来人口发展态势，那么定居选择问题则是迁移研究最为基本的关键议题。定居选择以移民时间为研究介入点，从个体因素及城市社会体制所形成的结构因素两个视角分析移民及定居的动因，和个人及家庭收益的最大化、风险最小化，检视定居选择的经济和社会影响，并基于定居选择的政策意义构建持续有效的融入机制。流动人口定居选择不仅是现代城市管理不可或缺的基础数据，也是以人为本的新型城镇化及国家精准扶贫发展战略的要求，需要政府和学界重新审视并付诸行动。定居意愿存在显著的代际差异和地区偏好，研究表明，新生代农民工倾向于定居省会城市的约占两成，县城约占三成，而中老年农民工更倾向于定居县城和镇，占比均在三成左右，直辖市的定居意愿均不足一成（李强、薛澜，2013）。除了体制控制和市场力量的影响之外，农村移

民的个人偏好，如生活方式的选择和偏爱的社会环境，在决定移民和定居方面发挥了越来越重要的作用（Tang and Hao，2019）。

（三）人口迁移理论的发展和转变：从经济收益最大化转向家庭风险最小化

早期研究中 Lee 提出的传统的推拉理论、Lewis（1954）的二元经济结构理论、Todaro（1969）的预期收入理论，迁移决策主体是个人，收入差距带来预期收入最大化。传统的推拉理论认为迁移行为是促使迁移者离开居住地的推动因素与迁移者前往迁移地的吸引因素共同作用的结果，居住地因素、迁移地因素、中间障碍因素与个人因素共同影响迁移决策。推拉理论难以解释我国移民迁移选择所面临的复杂的社会情境，本研究基于 2017 年全国流动人口动态监测调查数据（CMDS）统计建立"推拉金字塔模型"，将传统的流出地－流入地二元推拉理论发展为城市－农村双向"复合型推拉理论"。20 世纪 80 年代，新经济迁移理论将焦点从个体和经济因素转向家庭，将迁移视为家庭或家族的群体性决策，家庭迁移不仅是为了提高预期收入，还是为了"家庭效益最大化"，有效规避家庭农业生产经营风险，改变家庭经济现状，家庭劳动力向外迁移到经济水平高的地区，实现在不同迁移地或不同性质的劳动力市场上再分配和"风险转移"，该理论强调以家庭为决策主体的重要性，认为家庭迁移是为了最大限度地提高预期收入，减少相对剥夺感，是对"相对贫困"的理性回应。中国流动人口通过家庭的代际分工来分别获得务工和务农收入；在决定未来是否继续居留上的特殊性还体现在其对"家"的强烈关注（庞圣民、吕青，2019），特别是我国进入新发展阶段，新经济迁移理论呈现更强的理论优势和解释力。乡－城循环流动在当时是为了有效规避农业生产带来的不确定性和经济风险，而放在当下重新审视，乡村作为中国移民的退路和避居之所，在疫情期间，发挥了不可替代的缓冲器和保护阀的功能。疫情得到控制后"在家坐吃山空，赶快出去务工"的社区倡导，生动呈现了乡－城循环流动模式在危机应对和风险化解中的特定价值及深远意义。

二　新型城镇化的经济机制研究评述

（一）新型城镇化是促进经济发展的动力源泉

农业转移人口的市民化激活潜在内需、释放经济增长潜力。截至 2017 年，仍然有 2.25 亿农业转移人口未落户城镇（陈东琪，2017）。从需求角度看，农业人口的乡城转移形成巨大的消费需求和投资需求，是推动中国经济增长的动力源泉。据测算，每增加 1 个城镇人口能够拉动消费支出约 1.9 万元、拉动城镇固定资产投资约 4.5 万元，城镇人口的持续增长和消费水平的提高，带动城镇基础设施、房地产、工业消费品和生活用品投资的提升。农民工难以取得城市户籍，并公平享有户籍绑定的公共服务、社会保障和福利待遇，增加了其生活、工作、收入的不确定性，加剧低水平消费倾向，严重影响生产效率，抑制消费和人力资本的投资，农民工的消费倾向低于城镇居民 40 个百分点，恩格尔系数高于城镇居民 10 个百分点。推进农业转移人口的市民化，应提升消费水平，减少预防性储蓄，进而刺激消费，扩大内需。市民化规模达 1000 万人/年，可增加 15 万个非农就业岗位，GDP 增速将提高 0.75~1 个百分点；市民化规模达 300 万人/年，实际消费累计增长 1.18%，就业增长 0.2%~0.64%，服务业产出增幅达 1.59%（国务院发展研究中心课题组，2010；吴琦等，2015）。

（二）就业及阶层分化：从"整体论"到"阶层分化"

已有研究主要聚焦于代际转型、流动空间、就业及经济分化问题，并提出限制制度排斥、优化公共资源提供以推进梯度融入的积极策略。客观的结构分层明显快于融入制度的改革（李汉林等，2010），制度空间的排斥加剧了新型工人阶层、中产阶层的形成困境。农业转移人口有着丰富多元的社会角色与职业身份，从餐馆老板到快递小哥，从车间工人到家装师傅，正是这个阶群的努力带动中国城镇化的快速发展，也为城市生活增添了温度与色彩。劳动力密集型产业正在孕育新型工人阶层，举家迁移且收入水平较高的流动人口将会成长为未来的中产阶层，与之逆向但并行发展的返乡从业者将成为新型职业农民（朱启臻、胡方萌，2016）。本研究基于2017年国家卫生计生委组织的全国流动人口动态监测调查数据和全国八大企业的调研数据分析发现，乡－城流动人口的就业与经济分化加剧，雇员、雇主、自营乡－城流动人口基本保持10∶1∶7的比例，就业分化呈现清晰且稳定的结构层级；雇员、雇主、自营乡－城流动人口收入水平的差距拉大，雇员的收入接近自营劳动者；具有较好经济资本、人力资本的企业技术管理人才及私营业主构成的有利阶层正在崛起。户籍歧视加剧了工人群体的利益分化与社会分层，导致本地城镇工的流失与外来农民工的流动，这种现象在国有制企业比民营企业更为典型（于潇、孙悦，2017）。正规就业和非正规就业拉大农民工的收入差距；正规就业的大企业农民工能够率先融入城市（武岩、胡必亮，2014）。拥有较好人力资本、较强经济资本和紧密且宽泛的社会资本的农民往往能更好应对就业转型，从事个体户、技术人员、管理者等职业（俞林等，2016）；而人力资本、家庭禀赋和综合素质贫弱的农民更多从事零工和雇工等较低层次非农职业，就业分化明显（贾辉，2017）。工资性收入、财产性收入总体上提高了农业转移人口家庭收入，受到人力资本、社会资本、地区经济发展水平等因素的影响，收入分化在不断加剧（程诚、边燕杰，2014）。农业转移人口的城市融入呈现"收入差距二元化""融入水平层级化""融入进程碎片化""迁移模式家庭化"等新的特征（杨菊华，2015）。已有研究更多依托横向数据，而基于纵向数据的研究甚少，对阶层分化全景及脉络缺乏系统的检视，分化带来的社会结果及政策意义尚未彰显；重视城市融入，忽视了返乡流动人口融入农村的重要发展路径。

三　新型城镇化的社会机制研究评述

新型城镇化的社会机制相关研究从以下五个方面进行梳理：农业转移人口社会融入评价指标体系、转型社区社会治理、家庭迁移与留守问题、农业转移人口社会福利政策、农业转移人口的生活满意度及心理融入。

（一）农业转移人口社会融入评价指标体系

社会融入研究源于欧美移民的社会排斥问题，主要用于解释移民在流入地社会面临的社会孤立与排斥的归因问题。在我国，社会融入被广泛应用于分析乡-城移民的生存与发展问题。关于流动人口社会融入的测度问题，戈登最早提出移民融合的"结构-文化"融入模型，继而海克曼提出首先从经济方面入手，以经济状况作为融入评估的核心指标，1990年以后，学者们相继提出了评估移民社会融入状况的多维度指标。西方文献中具有代表性的主要有以下四类：以帕克（Park）和米勒（Miller）为代表的"一维"模型；以戈登（Gordon）为代表的"二维"模型（包括结构性和文化性）；以杨格-塔斯（J. Junger-Tas）等人为代表的"三维"模型（包括结构性融入、文化性融入以及政治性融入）；以恩泽格尔（H. Entzinger）等人为代表的"四维"模型（包括社会经济融入、政治融入、文化融入、主体社会对移民的接纳或拒斥等）（梁波、王海英，2010）。国内学者在借鉴国外相关研究的基础上，也尝试提出了多元化的流动人口社会融入指标体系（见表 2 - 1）。课题组充分结合国内诸多专家学者的研究基础和实践经验，并在城市乡 - 城移民社区调研的基础上，初步设计了包括 6 个一级目标 12 个二级准则 31 个可观测指标的乡 - 城移民社会融入状况综合评价指标体系。

表 2 - 1　乡 - 城移民社会融入指标体系代表性研究设计

代表性研究	评估维度
张文宏、雷开春（2008）	文化融入、心理融入、身份融入、经济融入
任远、乔楠（2010）	身份认同、对城市的态度、与本地人的互动、感知的社会态度
崔岩（2012）	户籍制度、社会排斥、社会差异、社区融入
杨菊华（2015）	经济整合、社会适应、文化交融、心理认同
张庆武、卢晖临、李雪红（2015）	经济维度、生活维度、制度维度、文化维度
汤兆云（2016）	经济融入、社会适应、心理认同
穆光宗、江砥（2017）	就业融入、居住融入、生活融入、制度融入、心理融入
刘建娥（2017）	居住条件与就业状况、社会保障与子女教育、社区参与与服务
徐延辉（2017）	生活满意度、精神健康、社会反馈意愿
肖子华、徐水源、刘金伟（2019）	政治、经济、公共服务和心理文化
Imani Giglou 等（2019）	劳动力市场流动、家庭团聚、教育、健康、政治参与、永久居留权、获得国籍、反歧视
Zou 等（2020）	经济、社会文化、身份认同（职业类型、家庭月收入、退休金、医疗保险、组织参与度、活动参与度、邻居类型、与当地人相处情况、观点和态度、方言熟悉程度、归属感、把自己当作城市/家乡的一员、是否把自己视为本地人）

失地农民可持续生计与发展能力综合评价指标体系：英国国际发展署（Department for International Development，DFID）在 1999 年提出了可持续生计路径（Sustainable Livelihoods Approach，SLA），将

农户拥有的资产、能力和收入集合称为生计资本，并细分为自然资本、金融资本、物质资本、人力资本和社会资本五个方面，用于测度农户当前的谋生及长期的发展能力，为研究者提供了一个研究农户可持续生计的新视角（DFID，1999）。该分析框架描述了在市场、政治或者自然因素引发的风险环境中，农户如何通过自身的机会与潜力以及外部的公共服务去提升生计水平。基于可持续生计分析框架，学术界开展了大量农户生计资本与发展能力水平的评估研究（Wu et al.，2017）。Sampson 等（2017）使用了 Bosomtwe 社区作为一个研究领域，以确定社区农民应对气候变化的替代性生计策略的变化。研究表明，政府应该利用基层的力量以及扩大农民可行资产战略的资源。Baffoe（2018）提出一个群体的脱贫能力在很大程度上取决于群体成员拥有的生计资本。Baffoe 以加纳农村地区为研究区域，从性别视角评估了农民的生计资本水平。研究结果表明，农民的金融资本、自然资本和社会资本丰富，但人力资本和物质资本很稀缺。近年来国内学者将 SLA 框架应用于中国城镇化进程中失地农民的生存和发展能力的评估研究中（成得礼，2008）。刘毅等（2015）应用 SLA 模型研究发现，失地农民的可持续生计资本中，物质资本和社会资本水平相对较高，金融资本相对短缺，而人力资本是最为薄弱的环节。应从土地征收、就业扶持、社会保障和融资渠道四个方面加强建设，增强失地农民的可持续发展能力。吴诗嫚等（2019）应用可持续生计分析框架检验了农地整治权属调整对农户生计资本的影响，发现权属调整对农户生计资本有显著正向影响，能显著提升农户的自然资本、金融资本、人力资本和社会资本。征地前后，农户的各项生计资本均发生显著降低（丁士军等，2016）。欠发达地区大部分失地农户家庭可以实现生计维持目标，但距离实现生计可持续发展还存在一定差距（杨琨、刘鹏飞，2020）。

也有学者将失地农民的可持续生计资本与社会福利的概念联系

起来，应用阿马蒂亚·森（Amartya Sen）在 20 世纪 80～90 年代提出的可行能力理论（Theory of Feasible Ability）对失地农民的生计水平进行分析。该理论的核心概念是功能和能力，依据一个人实际能做什么和能成为什么来描述个人福利，认为失地农民的生计水平变化不仅仅体现在经济效益上，也体现在非经济的功能性指标方面，如生活保障、生活环境、情感依恋等。近年来，国内外学者广泛应用可行能力理论评估失地农民土地征收前后社会福利效应变化。研究发现失地农民的社会保障和生活条件有所改善（袁方、蔡银莺，2012），但生态福利状况发生了明显下降（丁琳琳等，2017），存在失地农民相对收入减少、对征地补偿满意程度低、职业发展困难、社会保障明显不足等问题（高进云等，2007；邓大松、王曾，2012）。当前的征地补偿方式、补偿金额难以增进失地农民福利，也不能提升失地农民的生活水平（王珊等，2014；Bao et al.，2018）。在提高征地补偿标准的同时，政府还需通过完善失地农民社会保障体系、加强就业指导培训、提供一定就业安置等途径实现征地补偿方式多元化，并加大对农村基础设施、配套设施、环境保护等的投入力度。有学者以森的可行能力理论为依据，利用模糊评价法进行研究，发现土地征收过程中，不同群体的被征地农户福利效应变化存在显著差异。土地城市流转对不同年龄阶段失地农民的福利影响存在差异（彭开丽、朱海莲，2015），根据失地农民年龄特点制定合理细致的征地补偿政策，是提高失地农民福利水平、减小福利差异的重要途径。"重点开发区"和"限制开发区"两类地区失地农民在被征地前后的"隐性"福利变化具有显著差异。"重点开发区"失地农民的发展机会、心理状况等隐性福利得到提升，而"限制开发区"失地农民的隐性福利则显著下降（Wang et al.，2020）。地方政府应制定空间调控体系促进地区间均衡发展，充分考虑将隐性福利补偿作为征地补偿政策的一部分。近年来，有学者进一步分析了不同城镇化路径对失地农民家庭生计发展能力的影响异质性，研究发现辅以留地安置＋集体产业发展的集体经济发展式城镇化路径可以显著提升失地农户的家庭发展能力，而侧重于土地和房地产开发的新城开发式城镇化路径则难以提升失地农户家庭发展能力（王玥等，2020）。在未来的城镇化中，集体经济发展式城镇化是一条可选路径，其可使农户失地不无地，留地可发展，发展可共享，进而促进失地农民的全面可持续城镇化。

总体而言，国内外学术界目前对失地农民可持续生计与发展能力的评估研究主要基于 SLA 框架和森的可行能力理论展开指标维度设计。代表性研究和表 2－2 所示。失地农民的可持续生计资本的评价指标设计要体现农户当前生活水平和长久生计能力的功能性活动。因此，为全面、客观地反映失地农民可持续生计水平，课题组在借鉴现有研究成果的基础上，同时考虑到可量化、可比较、可操作的评价原则，以整合的视角初步构建了包括 10 个二级指标和 35 个可观测指标的中国失地农民可持续生计与发展能力综合评价指标体系。

表 2－2　失地农民可持续生计与发展能力综合评价指标体系代表性研究

理论分析框架	代表性研究	主要评估维度
可持续生计路径（Sustainable Livelihoods Approach，SLA）	Wu 等（2017）；Baffoe（2018）；Sampson 等（2017）；成得礼（2008）；刘毅等（2015）；吴诗嫚等（2019）；杨琨、刘鹏飞（2020）	自然资本、金融资本、物质资本、人力资本和社会资本
可行能力理论（Theory of Feasible Ability）	高进云等（2007）；邓大松、王曾（2012）；周义等（2014）；彭开丽、朱海莲（2015）；丁琳琳等（2017）；Bao 等（2018）；王玥等（2020）；Wang 等（2020）	经济状况、居住条件、居住环境、社会机会、生活保障、心理适应等功能性指标

（二）转型社区社会治理

加强转型社区的社会建设，是实现社会治理重心下移，完善现代社会治理体系的重要策略。社会建设要积极适应当前社会结构、社会关系、社会行为方式的深刻变化，探索政府治理同社会调节、居民自治良性互动的发展模式，加强和创新基层社会治理，开创"十四五"时期共建共治共享拓展社会发展新局面。学界提出探索政社合作多元主体参与的新型治理关系，把社会主体对公共产品配置的参与和协商作为和谐社会的基本运行逻辑，并以此为参照来重组社会生活，建设新的社会体制，鼓励社会力量在保障和改善民生中承担责任，提升社会组织能力，将城市治理重心向社区转移，依托社区建设加强社会共同体建设（李友梅，2008；邴正等，2018；关信平，2019）。特别是疫情发生以来，社区在城市治理和危机管理中的重要性、基础性作用日益彰显。制度安排与政策设计旨在平衡市场消极的不确定性因素，促进经济、社会和人口的协调发展。关于流动人口的政策规划从早期的限制转向促进融入，从政府单一管理到多元主体参与协同治理，从重视管理转向整合优化公共服务。林闽钢（2020）系统梳理总结了流动人口居住地服务管理四大模式——"北京模式"、"上海模式"、"东莞模式"及"苏州模式"，强调流动人口的服务转向居住地服务，管理重心向社区下移，从控制防范管理向人性化、服务型、发展型管理转变。

（三）家庭迁移与留守问题

农村劳动力大规模地向城镇、沿海或发达地区迁移流动，带来的后果是出现了大量留守儿童和流动儿童。收入低、成本高、住房差、工作时间长且流动性强、子女生活不习惯且具有不确定性、就学困难、考试升学限制等诸多现实问题，使农民工不得不把子女留在农村（闫伯汉，2014；任远，2016；段成荣等，2017a）。流动儿童群体分化形成回流儿童和再迁儿童，再迁儿童的教育抉择促进了家庭的就近城镇化。再迁儿童现象跳出了传统"城市—乡村"的钟摆式流动模式，反映了不同流动家庭对子女接受更好教育的家庭选择与父母期待（韩嘉玲、余家庆，2020）。当前，留守儿童和流动儿童共同的难点主要在于教育方面，留守儿童的教育资源较流动儿童更为匮乏，父母迁移对留守儿童身高和体重指数有负面影响（张爱萍，2017；Lei et al.，2018）。流动儿童能够从城市化中获得教育发展，可以看作一种"流动的红利"（朱斌、王元超，2019）；但也有研究指出家庭迁移对儿童获得稳定和持续教育产生不利影响（Lu et al.，2016）。流入地方言对流动儿童融入城市学校并实现个体发展有重要作用，掌握流入地方言可以显著改善流动儿童的学业表现（柳建坤、张云亮，2020），东莞试点实践中为流动人口开展粤语培训，有利于促进社会融入。同时，流入地城市应增加学位供给，简化积分项目和入学程序，加强信息公开与数据共享，以更精准地提升流动儿童的公共服务。对于留守儿童来说，要转变基层社会治理的模式，联合城乡实行社会治理（韩庆峰，2020；任运昌，2017），促进农村非政府组织发展，并整合社会教育资源，建立健全留守儿童关爱服务体系，开展多种模式的留守儿童教育工作，建立留守儿童档案，推动"主动型"农村社会工作介入，改善留守儿童现状。

（四）农业转移人口社会福利政策

新经济迁移理论认为家庭收益最大化、风险最小化是迁移的主要动因。基于2015～2017年全国流动人口动态监测调查数据的研究表明，"家庭式迁移"对流动人口定居意愿具有显著影响，受教育程度高、流入时间长、收入水平高、拥有自住房、家属随迁的流动人口，他们城市定居意愿和平等诉求强、公共服务需求大，考虑以家庭为整体的政策设计，激发流动人口定居意愿，并提升其定居能力（庞圣民、吕青，2019；林赛南等，2019）。家庭式迁移机制带动正规就业和购置房产，形成积极的城市融合效应，家属随迁促进农民工签订固定劳动合同，并激励其购买城市住房，带来正式雇佣效应和定居行为效应（刘建娥，2017；邓悦等，2019）。政策设计以家庭为出发点，回应家庭基本需求，解决家庭发展的迫切问题，优化农民工子女的教育资源，为随迁成员提供就业、居住及基本的社会福利保障，为农民工营造亲善的家庭环境，尽快恢复家庭基本的情感功能、照顾功能和社会功能，提升家庭发展能力，缓解家庭分离给欠发达地区的留守儿童、留守妇女、留守老人带来的诸多社会代价，化解夫妻分离带来的家庭解体等潜在风险。推动实现"以人为本"的新型城镇化，政府在战略规划上要切实履行政策目标，坚持公平对待、一视同仁原则，有序推进农民工的市民化，推进基本公共服务均等化，保障基本公共产品的有效供给。表2-3展示了差别化落户政策。

表 2-3　差别化落户政策

等级	城区人口和城市规模	落户限制
一级	建制镇和小城市	全面放开
二级	50万~100万中等城市	有序放开
三级	100万~300万大城市	合理放开
四级	300万~500万大城市	合理确定
五级	500万以上特大城市	严格控制
备注	前置条件：合法稳定就业和合法稳定住所（含租赁）	门槛条件：大中城市设置参加社会保险条件，最高年限不超过5年

资料来源：《国家新型城镇化规划（2014—2020年)》。

农业转移人口的落户意愿与城市接纳之间的匹配性研究：定居意愿存在显著的代际差异和地区偏好，研究表明90后、80后农民工倾向于省会城市的约占两成，县城约占三成，60后、50后更倾向于县城和镇，占比均在三成左右，直辖市的定居意愿均不足一成（李强、薛澜，2013），如表2-4所示。新生代农业转移人口有两种倾向：其一，90后（20~29岁）跨省流动较多，并聚集在东部发达地区，制造业转型升级带来就业转型，就业稳定性弱、定居意愿弱、流动性大（叶炜、肖璐，2018）；其二，80后（30~39岁）具有较高的自我雇佣率，特别是中青年技能型农业转移人口有较高工资水平和职业身份、家庭支出水平较高、享有健康档案和医疗保险，他们的定居意愿较强，在地区偏好上更倾向于定居在东部城市或特大城市（湛东升等，2017；张启春、冀红梅，2017）。时距效应和就业结构的经验研究显示省内中期（4~10年）从事生产加工及服务业的流动人口定居意愿较强，特别是专业技术人员，而跨省短期（0~3年）的运输建筑工人及无固定职业者的定居意愿最弱，自我雇佣者和自营者具有比较经济优势和定居条件，定居意愿也较强（景再方等，2019；周建华、张丽芳，2020；刘建娥等，2018）。

表2-4　农民工各层级城镇定居意愿的代际差异

单位:%，人

出生年代	镇	县城	地级市	省会城市	直辖市	合计
90年代	13.7	32.3	27.1	22.3	4.5	100
80年代	17.7	35.0	24.5	16.7	6.2	100
60~70年代	23.1	36.6	17.5	16.6	6.2	100
50年代及以前	26.7	30.2	20.7	14.7	7.8	100
样本数	436	771	482	381	133	2203

资料来源：清华大学2010~2013年中国城镇化调查。

农业转移人口养老、医疗及住房保障政策研究：农业转移人口对社会保险的认可度不高，企业顺水推舟，减轻社保缴费压力。社会保险统筹层次低、便携性差，城乡居民和城镇职工保险制度不统一，直接影响人口流动及其利益（汤兆云，2016）。在医疗保险方面实行覆盖全民、社会化、多方共担责任的缴费型医疗保险制度，大力推进异地就医直接结算，但仍然存在立法滞后、碎片化、公平性不足等问题（郑功成，2020）。因此要不断提高统筹层次和完善制度衔接，降低农业转移人口缴费水平，减少户籍、性别、年龄等限制条件（阳程文、侯保疆，2020；郑拓，2020）。农业转移人口住房保障政策相关研究：解决住房问题不仅需要优化房地产市场，也需要完善相关的住房政策，住房政策逐渐从鼓励住房自有转向强调"租售并举""租售同权"的均衡发展阶段（李君甫，2018；朱亚鹏，2019）。另一种观点认为，差异性住房保障政策在引导流动人口合理分布，促进城镇化发展方面能发挥实效（王振坡等，2017）。改善农民工居住环境的政策能强化住房供给对经济增长的助推作用（郑思齐等，2011）。住房公积金制度对于促进农民工在城市购房具有积极的作用（韩克庆、林欣蔚，2015）。尽管户籍改革缓解了对农村个人的歧视，但是城市本地人和农村移民之间的差距仍然存在，这些差距的根源在于社会福利和住房的不平等；经济适用房政策和其他社会政策措施的结合对于带动农村移民在城镇永久落户是必要的，简单地改革户口制度，即给予移民永久居住证，不会有效地鼓励定居或促进乡 – 城移民的城市融合。

（五）农业转移人口的生活满意度及心理融入

（1）幸福感与生活满意度：近年来，幸福感（subjective well-being）研究在社会学、社会心理学及管理学界备受关注。学者主要以生活满意度（life satisfaction）、生活质量（quality of life）和抑郁水平（depression level）三个维度来测量评估人们的幸福感、安全感及成就感（Diener，1984）。幸福感既是个体对客观状态的事实判断，也是对生活意义的价值判断（洪岩璧，2017）。生活满意度是个人基于已有价值和判断对生活质量的评价，这种评价不仅是感知幸福与痛苦的心理能力，也涉及理性和判断的能力，而且个人对同一环境的反应会基于特定的期待、价值和先前经验（Diener et al.，1985）。生活满意度不只用于评估生活质量所带来的情感体验和自我认同，也常用于评估整体的社区生活，评价指标涉及人口因素、经济因素和社会资本因素（Hamama and Arazi，2012；Liang and Wang，2014）。

"与谁比?""比什么?"是满意度及幸福感研究的两个核心问题。在"与他人比"的横向维度,基于相对效用形成参照群体幸福感的研究取向。有研究通过与城市居民的横向比较来研究失地农民的幸福感,他们并没有获得城市居民同样的社会权利,自我认同仍然是"农民",不合理的土地补偿政策、不完善的社会保障体系(而不是城乡户口)使他们情绪消极,生活满意度较低(Liang and Zhu,2015)。吴菲和王俊秀(2017)从多重参照群体的横向比较来研究农民工的生活满意度。"与自我比"的纵向维度构成幸福感研究的重要视角。个人往往不仅和他人比较,也会拿当下与过去进行比较,从而影响其态度和幸福感(怀默霆,2009)。Amit 和 Riss(2014)从移民前和移民后的纵向维度,研究北美的以色列移民的生活满意度,发现生活满意度受社会网络、定居意愿、工作获得、社区归属的影响。李培林、李炜(2010)利用中国综合社会调查(CGSS)数据研究农民工的社会态度,指出遵循自身在农村纵向比较的历史决定逻辑,尽管经济社会地位较低,但农民工大多有着积极的社会态度;但2008 年的数据研究则表明农民工的经济状况有所改善,但就业与生活压力增大,社会安全感、公平感、满意度和未来预期都有所下降。一些学者支持"伊斯特林悖论",以"U 形态势"对中国民众当前的幸福感做出基本研判,改革推动经济迅猛发展,人民生活得到普遍的改善,但社会不平等加剧,收入差距扩大,所以,幸福感并没有与经济增长同步提升,甚至有所下降,直到 2005 年满意度才开始回升(Brockmann et al.,2009;Easterlin et al.,2012)。

(2)社区生活满意度:幸福感较适合用于研究生活质量稳步提高的城市居民,而转型社区失地农民面临边缘化的社会挑战,生活处境令人担忧,所以我们强调要以"社区"为研究场域,采用"社区生活满意度"概念来研究急剧的社区变迁给居民带来的生活冲击和心理体验,了解转型社区居民的心态与诉求、认知与情绪、困窘与茫然。不同形式的社区环境满意度，特别是对物质环境和社会生活的满意度，与移民的幸福感呈正相关。社会融入与生活满意度、城市归属感呈正相关，使流动人口意识到他们是新生活环境的一部分，这对于中国城市的可持续发展非常重要（Lin and Huang，2018）。罗温斯坦描述移民对空间的能力建构时提到，移民往往会对在流入地新环境中所遇到的困难和消极因素夸大其词，而回忆移民经历时，因风华正茂和无忧无虑的生命历程淡化当年流入地的消极环境，美化甚至高估移民境遇（顾宝昌，1992）。已有研究重视宏观结构经验，而对微观个体体验的研究不足，特别是基于试点城市考察过渡型、边缘化的转型社区居民（失地农民）体验的研究几乎没有。

第三章　欠发达地区新型城镇化的经济机制及就业促进研究

一　离乡不离土：外出租地失地农民的就业促进研究

新型城镇化是以人为本的城镇化，而关于其中人的内涵，周飞舟等（2018）认为应该站在流动人口或农民工个体的角度，了解他们在城镇化进程中的行动，进而理解和探究其行动背后的意义。外出租地失地农民是失地农民的一种职业分化群体，在失地农民进入城市非农就业的大环境下，他们逆行重回农村做"农民"，这种行动的选择并不只是个体为了生存的单纯性流动，也不能简单地以制度化阻碍归因为个体的无奈抉择，其反向流动行为的背后有值得探索的内在因素。为了更好地了解外出租地失地农民群体，探究外出租种现象的产生背景与主体行动的意义，第一部分介绍呈贡区失地农民外出租种创业基本情况，并从结构性因素与个体行动方面探究失地农民选择外出租种的社会动因。

（一）失地农民外出租种创业基本情况

早在 1993 年，呈贡就出现了外出租种的现象。当时呈贡县斗南村的王姓、鲁姓等农民因花卉产业收益颇丰，自家及本村的土地已经无法满足更大规模种植的需求，他们自发地在外村租地进行种植，在他们的带动及影响之下，斗南村的农民陆续外出租种。2001年底，据不完全统计，呈贡县外出租种户增加到210户，除了斗南村之外呈贡县还有其他9村都有外出租种的农民，并且外出租种的面积由几十亩增加到近3000亩，种植的品种逐渐由花卉扩大到蔬菜（张建昌，2002）。随着呈贡新区的建设，大量的耕地被政府征用，土地被纳入城市建设中，越来越多失去土地的呈贡农民选择外出租种，外出租种的现象愈发突出。失地农民在异乡种植花卉和蔬菜，一方面，有利于呈贡在缺乏土地的情况下，继续农业的产业化；另一方面，可以为那些失去土地但具备农业生产技能的失地农民提供新出路，以此方式维持生计，确保其有生存保障。

现今的呈贡区，在农转居社区中都有外出租种的失地农民，这类群体主要集中在呈贡区的斗南街道、洛龙街道、吴家营街道及乌龙街道，拥有着宝贵的种菜种花经验的失地农民，在政府组织及其他因素的推动下，前往昆明市周边县市租地种植。目前呈贡区失地农民外出租种农户有6000余户，外出租种人员有1.5万余人，租地面积有15万余亩，主要分布在晋宁、嵩明、寻甸、宜良、石林、陆良等地，55%种植蔬菜，40%种植花卉，5%从事其他种养殖。2007年，W社区部分失地农民开始外出租种，以种植蔬菜瓜果为主，从昆明市下辖县区外出，2009～2012年，外出租种户数开始增加。据不完全统计，W社区现有75户250余人外出进行租地种植，除种植蔬菜瓜果外，还增加了花卉及养殖类型，外出租种区域开始扩散，由昆明市下辖县区向省内其他市区流动。

1. 外出租地失地农民的基本特征

通过对W社区负责外出租种的农技主任的访谈，结合外出农户整理汇总的报告资料，笔者在对W社区外出租地失地农民群体认识探索的过程中，发现外出租地失地农民存在相似而显性的特征。

在基本结构特征方面，外出租地失地农民群体年龄主要分布在

35～55 岁，集中于中壮年，并且身体素质良好；受教育程度主要为初中，年纪较大的以小学受教育程度居多，最高教育层次为职业大专，说明其有一定的文化知识。

在就业技能方面，外出租地失地农民拥有丰富的农业种植技能及经验，在失地前主要从事农业种植和生产，对农作物种植类型和农业机械的运作有一定的了解，因此在外出租种的前期阶段，能依靠自身专业技能快速投入农业生产中。

在家庭结构方面，以夫妻双方共同外出为主，属于夫妇合作类外出，家庭中有未成年子女和需要照管的老人的，一般是男性（丈夫）外出，而妻子在农忙时选择性外出帮忙，或在子女寒暑假时前往租种地陪同，少有夫妇携带子女家庭式长期外出。

第一，对于非农就业方式意愿不强烈，认为自身年纪较大，凭借一技之长在城市中打工没有优势，并且不喜欢被管理及约束，但对于农业生产，自身有很强的时间观念及清晰合理的生产规划，对于他们而言，时间就是生产效益。

第二，外出租地失地农民群体中存在以非正式关系连带外出的现象，即外出农户间彼此熟悉且关系亲密，以血缘关系和地缘关系为主，以动员亲人、朋友、邻居等的方式，聚集性共同外出租种。

2. 外出过程中存在的主要问题

失地农民在外出就业的过程中，在生产及生活方面会遇到大大小小的问题。在外出租种生产过程中，存在融资难、租金恶意上涨、市场波动、极端自然灾害等问题，这几类问题直接影响外出租地失地农民的正常种植。通过对访谈资料的整理发现，市场波动、租金上涨过快给租地农户带来的困扰最大。由于一些地方的合同不够规范，租地双方因地租常起争执，当地出租方会以断水断电的方式，要求租地户支付上涨租金，大部分外出租地失地农民将征地补偿款甚至贷款投入农业设施中，以 30 亩租地面积为例，一年的生产投入至少30万元，租金的上涨无疑给外出租地失地农民徒增经济压力；加之市场不景气，近年来外出租地失地农民增加，农业扶贫项目增多，大棚规模化种植如雨后春笋般生长，小规模种植的租地农户市场竞争力相对较弱，收益变少，会不定期存在销售没有渠道或者纯利润低的情况，特别当遇到极端自然灾害时，农作物及大棚设施损坏严重，借用访谈对象的话来说，一次自然灾害可以令他们倾家荡产，全年没有收益。

在外出的日常生活环境及社会交往方面，外出租地失地农民难以融入新的村落共同体中，存在被当地居民偷盗农业生产设施、恶意毁坏农作物的现象。外出租地失地农民的生活空间与生产种植空间交叉，在种植地边用简易石棉瓦搭建房屋，房屋除了日常饮食起居外，还用来堆放农业生产设施，生活环境与失地安置小区相比截然不同，因生活区域及生产劳作的限制，租地农户和本村人的交往甚少；由于外出租种，对于租地区域的当地村民来说，外出租地失地农民是"外村人"，他们常通过大棚设施和石棉瓦房判断外出租种的存在，由于失地农民脱离了曾经的生活共同体，作为"新人"难以加入已经稳定形成的共同体中，双方信任感缺失，常有租地农户的农业生产设施及农作物被偷盗的情况，加深了租地农户与当地村民的矛盾，影响双方互动往来。除此之外，家庭照顾是比较突出的一个问题，也是外出租地失地农民担忧的问题，外出之后家中留有受教育子女和腿脚不便的父母，外出租地失地农民需要不定期地在租种地和原有村落（或安置小区）之间往返，陪伴子女及父母的时长较短。

以上内容是调查对象在群体特点及生产生活困境两个方面呈现的外出租地失地农民创业的现状，为接下来探析失地农民选择外出租种的社会动因打下基础。

（二）结构性政策的支持与局限

吉登斯认为结构是行动者在时间与空间互动情境下利用的规则

和资源，作为人类行动的中介，它会对行动者产生制约作用，由于行动者有认知和行为意图，结构对行动者的行动也具有促进作用，为行动者的行动提供了条件。失地农民再就业是在特定的时空场域中发生的，即失地农民应在城镇化进程中采取相应的行动，实现其就近进城就业或外出异地就业的目标，而以外出异地就业为目标的失地农民，如果没有结构提供的规则和资源，不会贸然地选择外出异地就业。

在失地农民选择外出租种的过程中，作为规则的政策、体制对其创业行动会产生一定的影响，一方面表现为积极影响，另一方面是制约其实现创业。为了准确地对失地农民外出就业进行分析，首先需要明确结构是没有时间和空间的边界，本部分内容是探究失地农民外出租种的动因，即分析其在失地后——决定外出租种并实施行动的这一过程中所受到的结构性影响，并不代表在其后期租地过程中这些结构性规则和资源是不存在的。从对 W 社区外出租地失地农民决定外出的过程分析来看，结构中对失地农民产生促进作用的规则和资源主要有安置补偿政策的实施、地方性就业扶持政策、特色农业的产业优势，但同时这些规则和资源也对失地农民产生了制约影响。

1. 征地补偿积累创业资金

呈贡区失地农民的土地征用补偿主要有两个方面，一方面是执行土地征用的补偿标准，进行片区综合地价的补偿；另一方面是对征地区域青苗和地上附着物的补偿，采取片区综合包干补偿的方式，根据地块的类型和区域划分片区按分级来补偿。拆迁补偿安置采取"一户两房、以房换房"的方式对被征地农民进行实物的补偿，按照房屋结构和建筑面积，以旧换新，超出安置面积的可以进行额外的资金补偿。由于呈贡区并非统一同步征地，因此征地存在阶段性补偿办法，据了解，W 社区自 2005 年到 2014 年，经历过三个阶段的征地，从综合包干价每亩 6 万元多涨到 20 万元，第一阶段及第二阶段基本已经将社区农作地等征收，部分居住用地被征用，第三阶段征用地较少，补偿金额不多，W 社区现人均征地补偿款约 19 万元，为了壮大集体经济，社区提取 10% 的补偿款存入银行，以利息分红的方式，每年人均还能得到 1000 元的额外收入。除此之外，W 社区还未进行整村搬迁，安置小区也未建成，部分失地农民以出租房屋获得一部分经济收入。无论是征地补偿款还是额外经济来源，都对失地农民具有短暂性的维持生计的作用，也是保障其再就业的资源。

　　出去租地最重要的就是要有点本金，像我们有了本金才敢出去租地呢，要是自己没点本金，租地种菜种花样样都要花钱，租地买种然后雇点小工，如果没点本金，就只能攒攒或者存银行里面生点利息，然后自己打打工什么的，还不就是为了讨口饭吃，不然只守着那点补偿款，一下就没了。

对于失地农民来说，征地补偿款是失去永久土地保障换来的，用当地居民的话来说，这个买卖是不划算的，是个亏本生意。对于外出租地失地农民而言，征地补偿款是其外出租种的主要资金来源，是创业的"第一桶金"。大部分外出租地失地农民意识到创业资金的重要性。在租地初期，农业种植生产需要不定期地购置农种、农机和农药，租种区域大棚设施和田间简易房建设也都需要资金，失地农民在外出前期以征地补偿款作为资金投入，保障了种植生产的有序进行。

2. 就业政策扶持鼓励外出租种

随着失地农民问题的不断凸显，中央和地方政府高度关注失地农民的就业问题。劳动保障部根据《国务院关于深化改革严格土地管理的决定》的有关要求，于 2006 年出台《关于做好被征地农民就业培训和社会保障工作的指导意见》，要求统筹城乡就业，多渠道开发就业岗位，改善就业环境，鼓励引导各类企业、事业单位、社区吸纳被征地农民就业，支持被征地农民自谋职业和自主创业。面对就业形势的新变化和新挑战，国务院于2015年印发《关于进一步做好新形势下就业创业工作的意见》，提出积极推进创业带动就业，拓宽创业投融资渠道和支持创业担保贷款发展，对自主就业的要强化教育培训，落实优惠政策。云南省人民政府根据国务院意见精神，结合本省的实际情况，于2015年出台了《云南省人民政府关于进一步做好新形势下就业创业工作的实施意见》，强调加大创业创新扶持，完善创业担保贷款政策，将小额担保贷款调整为创业担保贷款，"贷免扶补"和创业担保贷款最高额度统一为10万元，并且支持农民工等群体创业，支持返乡农民工创立农民合作社、家庭农场、农业产业化企业、林场等新型农业经营主体。

呈贡区政府结合呈贡新区的建设情况，为切实解决失地农民就业问题，区委、区政府研究制定了一系列政策措施，进一步做好呈贡区失地农民创业就业工作。呈贡区委、区政府根据地方实际情况制定出台了《关于扶持涉农居民创业就业的意见》《昆明市呈贡区扶持涉农居民创业就业意见实施细则》，鼓励失地农民自主创业、促进就近就业、服务外出就业；先后出台了《关于扶持失地农民外出租地种菜、种花解决就业的实施办法（试行）》《呈贡区失地农民从事二产三产示范户扶持奖励细则》等文件，同时制定了一系列外出租种核查、种植示范户扶持奖励、创业就业受灾补助及自主创业贷款贴息的细则，制定针对从事个体经营、创业协会（合作社或异地商会）以及购买家庭/小团体意外伤害险、农作物自然灾害险的涉农居民的扶持办法，多方位鼓励和扶持失地农民外出租种，在制度性政策方面对失地农民进行有效的保障。除了各类补助和贷款扶持之外，呈贡区还建立了区领导联系制度，设立流动党员党支部，在陆良、嵩明等地建立失地农民创业协会，为失地农民外出租种发展生产保驾护航。

> 　　我们刚开始也没想着出去租地，因为租地风险大，而且出去租地容易扯皮什么的，自己在外面又不好处理，怕没人管，后来村干部鼓励我们出去种地，像补助那些我们也拿着呢，补助不多但是心里觉得政府是帮我们的，无论我们出来租地遇到什么困难，政府层面都会尽可能地帮我们解决，心里面也算是有个保障，不然投入大自己也害怕呢。

就业扶持政策具有地方性特色，是针对失地农民再就业困境和呈贡区失地农民种植技能提出的，同时，外出租地失地农民是在政策推动下陆续选择外出租种的，是一个不断流动的群体。扶持政策的资源对于外出租地失地农民有直接性的资金帮助，补贴其生产投入，间接地也为外出租地失地农民提供了心理保障，作为一种应对失地冲击的过渡方式，以"给政策"的形式激发失地农民的主体性和能动性，就如同访谈中所言的，配套政策的实施给予其心理上及实际上的安全感，是"无形的保障"。

3. 呈贡特色产业蓬勃发展

呈贡是彝语，它的寓意是"盛产稻谷的海湾坝子"。"远望滇池一片水，水明山秀是呈贡"，呈贡光照充足、气候温和、湿度适中，自然条件得天独厚，因此这里不仅盛产稻米，蔬菜也声名远扬。20世纪70年代，呈贡县的斗南村与今日的"花乡"截然不同，它是典型的蔬菜生产地，有"蔬菜之乡"的美称，80年代初期呈贡就已经成为昆明市的蔬菜生产基地，90年代时，呈贡的蔬菜批发市场成为全国较大的蔬菜集散地之一，农业基础领先于中国大部分农业基地，蔬菜以外销为主，那时候的呈贡人都是"种菜的能手"。随着"改革开放""以经济建设为中心"等一系列方针政策的贯彻落实,呈贡蔬菜市场竞争日益激烈,加之蔬菜以小规模经营为主,一年下来农户的收入只能基本维持生计,坐拥种植鲜花优异条件的呈贡人开始寻找新的出路。

90 年代初期,斗南花卉种植的序幕正式拉开。1983 年,时任呈贡良种场场长的化忠义到广州出差,他在广州发现一家宾馆附近的花店里有品种不一的鲜花在出售,"嗅觉"敏锐的他把剑兰种球从广州带了回来,并且在自家 0.3 亩责任田中率先种下了斗南第一枝唐菖蒲(剑兰)。这批剑兰种植大获成功,他将鲜花拿到昆明的尚义街进行销售,那时种植花卉的收益居然比种植蔬菜和水稻的收益还高。第二年他在自家地里扩大了鲜花种植的规模,花卉的品种也开始增加,新培植了晚香玉、康乃馨等品种,这些新品种也带来了极好的收益。这一"商机"被邻近的村民们发现,他们也纷纷效仿化忠义在自家的责任田里种上了花卉。此后短短几年时间,鲜花种植像雨后春笋般在斗南村及邻近的村子快速发展起来,并且在斗南村里村民自发地组织起了"花街",鲜花就这样慢慢地在斗南村盛开了,到1999 年全村 95% 的农户种植和经营花卉,生产销售鲜切花 5 亿枝,占昆明市鲜切花销量的 70%,全村成为靠花致富的"小康村"。

经过 30 多年的蓬勃发展,呈贡的花卉产业一枝独秀,呈贡现今成为全国闻名的"花乡",被誉为"亚洲花都"。昆明国际花卉拍卖交易中心也发展成为国内最大的花卉拍卖市场,成为亚洲第一大产地型花卉拍卖市场,"斗南花卉"形成了一个世界著名品牌,如今一提到呈贡便会想起呈贡的鲜花和大棚蔬菜,这是呈贡不折不扣的响亮名片。呈贡人每当提及自产的花卉和蔬菜,都会自豪不已,特色产业的发展前景令呈贡人心中欢喜,但失地让他们失去了农业种植生产的机会,外出租种不免是一种推动产业再发展的方式。

　　我们呈贡人啊，个个都会种菜种花种瓜果，呈贡的这些产业以前就是呈贡人自发带起来的，以前就一亩三分地，种出来的品质好卖得多，政府自然而然就开始扶持呈贡这个花卉蔬菜了嘛，一年到头老百姓种种地，卖卖菜，其实也够花呢，现在没了土地，自己跟家里人也只会种种地，蔬菜和花这些在呈贡发展几十年了，是不可能消失的，肯定是有市场的嘛，有市场就有优势，相比那些打工的还不是有风险，如果老板不要你你就干不了了，但是种地就不会嘛，只要市场在你还是能有点钱赚，无非就是赚多赚少。

　　呈贡蔬菜花卉产业的蓬勃发展，呈贡人是见证者，在这个过程中，一点点累积的是一批批呈贡农民的辛苦劳作和心血，对于外出租地失地农民而言，呈贡的种植技能是不可割舍和忘记的，是与生俱来的，这种本领作为生存的方式并不会因为失地冲击而断裂，呈贡的"名片"会继续存在及更加响亮，怀揣着这份信心他们开始了漫长的异乡租地种植。

　　4. 政策局限与制约

　　首先，在政策实施上，2006～2015 年呈贡区政府共拨兑失地农民外出租种扶持资金 10986 万元，2015 年扶持失地农民外出租种贷款贴息 14 户，扶持救助失地农民外出租种受灾 775 户，兑付受灾补助资金 100 万元，在一定程度上鼓励及推动着拥有农技的失地农民外出寻找新的就业方式，并且给予他们信心和动力。但在具体的实施过程中，有部分失地农民存在虚报土地面积的情况，核查部门的不严谨导致了部分扶持资金并未真正落到需要帮助的外出租地失地农民手中，他们对结构性政策失去了信心。

　　其次，由于外出租地失地农民的流动复杂性，存在放弃种植进城发展的现象，外出租地失地农民动态数据无法把握，从阶段性整体看外出租地失地农民整体已经稳定就业，因此前期针对外出租种的资金类扶持政策于 2015 年停止，不再执行，取而代之的是自然灾害保险补助和家庭/小团体意外伤害险，政策力度放缓，失地农民从中获取的资源有限，并且外出租地失地农民抵御风险的能力较弱，在实际的租种过程中，自然灾害及市场波动的影响仍然突出。

再次，在征地安置补偿方面存在落实不到位的情况，征地补偿款是分阶段给付的，因此可周转的资金是不定期不固定的，失地农民外出租种，前期 3 年内需要大量投入资金，大部分失地农民以原有积蓄和征地补偿款作为创业资金，征地补偿款的分阶段给付让其在创业前期有资金短缺的情况，虽然政府为其提供了以 10 万元为额度的贴息贷款，但由于贷款申请手续复杂，种植不确定是否能获得收益偿还，失地农民在选择外出租种过程中是犹豫不决的。

最后，安置小区还未建成，原有村落错落在城市新区的建设中，失地农民徘徊于外出就业和进城就业之间，如果选择外出就业则需要充足的资本，但从现有的结构性资源来看存在一定的资源短缺；但是若选择进城就业，呈贡新区建设所提供的就业岗位单一，大量失地农民进城再就业，劳动就业的机会较少，自身技能的缺失也使失地农民难以抉择。

（三） 主体的关系网络与乡土情结

吉登斯（2016）指出："作为人，我们可以选择，而不是简单地对周围的事件做出被动的反应。"如果没有结构性所提供的促进资源或制约因素，若只是想外出追求更大利润和利益，他们无法具体实行外出的行动，反之，作为行动者的失地农民若没有自觉外出的意愿或利益要求，无论是什么样的制度性推动和阻碍，对其而言都是毫无意义的，他们无法将结构提供的规则和资源转化为外出租种的行动。因此，除了结构资源的促进外，失地农民选择外出租种的动因聚焦于失地农民这一行动者上，在城镇化推进和失去土地的情况下，他们自身拥有外出就业的想法，这种想法受到乡土情结和个体关系网络的影响，内化而成的其外出就业的意愿和诉求，推动着外出租种行动的产生。

1. 乡土情结与惯习

我国是一个有着悠久农业历史的国家，对传统的以生存为目的的小农来说，土地是一种具有特殊价值的资源，是农民生活的根基。首先，它是一种生产资料，用来满足农民家庭低层次的物质需求，家庭农业生产的存在也能满足农民追求稳妥生活方式的需求，同时它还涉及农民之间的社会关系，是生产生活、人际关系维持、家庭延续的基础；其次，土地承载着农民的生存信仰和文化观念，是一种农耕文化，它影响着农民的社会生活、家庭生活，土地对于农民而言是一种永久的保障，这种保障长久存在且无法割断，俗话说"生于斯、长于斯、死于斯"，土地是农民生活开始的地方，其死后也是要回归土地的，从而使农民形成了一种土地情结；再次，在中国传统文化中，人们将土地视为一种近似人性的神，拥有了土地神的庇佑，来年就能风调雨顺硕果丰收，这足以说明土地在农民心中的重要地位；最后，谋生于土地的人将土地视为乡土社会的身份象征，有了土地就有了归属感，这是乡土村落的归属感，也是失地农民不远万里要重回故土的原因。

而对于失地农民而言，失去土地就是失去一种生存资料，或者是失去一种生存方式，同时也是失去一种乡土的保障和归属感。城镇化促进了城乡关系，但城市的现代性与传统村落的乡土性是不同的，失地农民受到失地冲击之后需要缓冲的时间。为了适应和接受新的生活方式，失地农民不得不放弃原有乡土性的生活习惯或土地依赖，融入城市选择以制度化管理的就业方式，但是对于常年以土地作为谋生手段的呈贡失地农民来说，放弃是很难的，融入的过程很漫长，除了需要城市安置建设和配套设施的推动，还需要农民自身改变乡土的观念。

> 我们世世代代都是农民嘛，生下来就只会种种地啊之类的，像我家种葡萄，那是出了名的，从我爷爷那辈就开始整了，所以从小就会种这些水果啊蔬菜啊，你可以自己吃，也可以拿了去卖，所以有土地啊我们自己也省钱，哪怕你自己不想种了，苦不得想去打打工，家里的土地也还可以租给人家，或者种点小菜吃吃，现在没有了土地，也认不得能整什么，还要花自己的钱去外面买水果买菜。

在前文中提到，呈贡花卉蔬菜产业的蓬勃发展是呈贡农民的心血，在失地之前，大部分的失地农民以种地为生，种植花卉、蔬菜或者瓜果，种地成为他们唯一的技能，并且他们也知晓花卉蔬菜产业是不会随着城市的建设而消失的，因此这种乡土情结同时也夹杂着"理性"的成分，并不完全是传统农民将情感与土地绑在一起无法分割的状态。

除此之外，在后续的访谈中，关于对进城非农再就业的看法，外出租地失地农民都表示城市就业机会少，在城市就业的失地农民都是"被时间约束"和"被人管理"的打工仔。形成这样一种观念的原因主要是城乡之间日常行为、价值观念等的差异，农村社会在村落中是以村落共同记忆及亲缘、地缘等关系展开交往，他们彼此之间相互熟悉，形成了一个有边界的社会关系网络，相对于城市社会的多元复杂关系，农民的社会关系是简单的，失地后他们无法适应城市的交往和文化价值观念，那些观念与其熟悉的乡土性和小农生产方式都是截然不同的。长期种植的经历使其形成了慢生活的节奏，他们更倾向于自由、舒适的社会环境，"日出而作，日落而息"

或田间村落间聚集的闲谈才是他们所喜爱和适应的,因此在选择就业方式时,无法割舍乡土性是其选择外出租种的内在因素。

2. 个体关系网络

乡村的关系网络是建立在血缘和地缘关系基础上的,"面对面的社会"使村民之间彼此熟悉,并且因为长期生活在聚合的乡村共同体中,他们彼此之间有相互依赖的行为特征,群体之间以信任为纽带,互相支持和认同,共同遵守社会规范。因此在这样的熟人社会里,个体之间都围绕着"关系"而存在,资源与信息是共享的,并且信息是真实和有效的。对于失地农民而言,再就业的实现需要获取就业资源和信息,乡村的关系网络能为其带来就业的资源和信息,人们通过亲人、朋友、邻居等获取相应的招工信息,而有意愿外出就业的失地农民同样也能在这类关系网络中获取外出的信息,并根据自身实际情况,利用这种嵌入关系网络中的信息帮助其实现外出的目标。

有次我老表来我家,说今年满天星超级好卖,他家跟着别人一起种赚了二十多万元,他们跟着他们村的,一起在石林租了一大片地种满天星、玫瑰什么的,以前我就听说了,也想着试试,但是种花这种生计,十个人种花会有五个人赚不到钱,后来我老表拉着我去地里面看过,其实也是好种的,这几年花价也不错,现在还可以整成干花卖,我回来跟我媳妇也说了,她去问村子里面出去种花的,人家也说满天星好赚钱呢,我们就跟着我老表来石林种地了。

呈贡花卉蔬菜产业的发展,使呈贡农户在失地之前就开始外出租种,在对 20 户外出租地失地农民的访谈中发现,在其准备外出租种之前,其亲戚、朋友中就已经存在外出租种就业的情况。王春光

（2017）在温州人外出经商的研究中提及"人际关系链"对温州人外出迁移的作用，在市场信息不畅通，也没有通过政府有组织迁移的情况下，一部分温州人凭借自己的人际关系链，通过信息传递、关系动员等形式将温州人聚集起来经商，虽然呈贡区外出租种的农户并没有形成如温州人一般的关系模式，但其动员流动就业的媒介是一样的。在呈贡花卉蔬菜产业发展阶段，土地征用使少数人外出租地扩大种植规模，其回家后将租地种植能赚钱的信息传递给亲戚朋友，并通过乡土村落在熟人关系网络间传播，从而吸引和带动了一部分熟人外出租种土地。个人关系网络是传播就业信息的媒介，对于失地农民而言，也是他们外出就业能够进行的机制，通过亲人朋友间传递的资源和信息，他们打消了对租地风险及种植收益的不确定性的顾虑，获得一定的本体性安全感和信任感，建立了心理安全机制，对于外出租种这一就业方式更加期待。

（四）小结

综上所述，失地农民选择外出租种再就业的成因并不仅仅是追求目标利益的最大化，也不单纯是政策性鼓励和推动，而是主体行动者与结构二重性的过程。失地农民选择外出租种的动因一方面是显性结构性政策制度的推动，另一方面还有隐性失地农民自身追求与目标，当外出意愿与促进性或制约性规则和资源互动时，外出租种就业才能实现。其中，征地补偿安置为失地农民提供了资金的支持，地方性鼓励扶持外出就业的政策为其提供了保障，呈贡特色花卉蔬菜产业作为结构性的环境，对失地农民选择外出租种有促进作用，而最关键且最重要的动因是行动者自身，其从熟人关系网络中获取可靠的外出租种创业成功的信息，在受到乡土性的影响和劳动力市场的制约后，对外出租种这一就业方式产生了期待和信心。

结合外出租地失地农民的基本情况来看，外出租地失地农民群体中存在以非正式关系连带外出的现象，彼此之间是有密切关系的，而个人关系网络作为影响其外出的因素，推动了失地农民选择外出就业，同时这一关系网络还在异乡延续，发挥着重要作用。

二　社会关系网络的运用与建构

外出租种是一种异地创业的经济行为，与传统"为生存而生产"不同，外出租种是"为市场而生产"。由于自身没有流动租种的经历，异地租种资本投入大，并且对流入地的环境陌生，为了保证外出租种生产的有序进行，失地农民在外出租种初期会依旧保持对原有社会关系网络的依赖，在种植准备阶段，通过血缘、地缘为主的社会关系获得物质和情感方面的支持，或依靠原有业缘关系达到技能方面的提高。但随着其在租种地的生产适应和生活融入，原有关系网络无法提供更多异质性资源，为了进一步发展农业生产，他们会有意识地在巩固原有社会关系的基础上，主动建立新的社会关系，并在互动中调整或重新建构自己的社会关系网络。

本部分在回顾以往学界对"关系"及关系网络研究的基础上，借助访谈个案情况，根据交往与联系的对象，围绕其外出租种的生产生活过程，将外出租地失地农民的社会关系网络分为原有社会关系网络和新的社会关系网络，对其社会关系网络运用和建构进行阶段性分析。

（一）种植准备阶段：原有社会关系网络的支持

1. 原有社会关系网络类型

根据社会关系网络建立时间和目的的不同，可以将外出租地失地农民的社会关系网络分为原有社会关系网络和再建构的社会关系网络（曹子玮，2003），其中，原有社会关系网络主要是指外出租地失地农民在原有村落的社会关系网络，即其进入租地村落前就已经存在的社会关系网络。以正式开始种植生产为时间点，根据关系种类的相关研究，以及外出租地失地农民生产过程中实际涉及的社会关系网络，将外出租地失地农民原有社会关系网络划分为亲缘关系、地缘关系和业缘关系三类。

第一类是至关重要的亲缘关系，它由血缘关系和姻缘关系组成，是一种强关系网络，具有先赋性的特点，在外出租地失地农民生命历程中处于重要的地位，在日常生活中，也是外出租地失地农民接触频率最高的关系网络。失去土地之后，失地农民受到冲击会陷入生存方式的选择困难阶段，利用亲缘关系可以建构适合自身发展的求职空间。

第二类是联系密切的地缘关系，亲缘关系和地缘关系是密不可分、合二为一的，地缘关系以地理位置为界定，指的是由于在同一地域生活、生产互动而形成的关系。W 社区前身属于传统的乡村，在村落共同体中，村民们拥有共同记忆，对于集体有高度的认同感，并且村民之间有着密切的互动关系，彼此之间是熟人关系，就如同俗话说的"低头不见抬头见"，这类关系与亲缘关系在一定程度上是重合的。

第三类是可强可弱的业缘关系，在传统社会中，人与人之间的关系是建立在亲缘关系和地缘关系基础上的，个体之间因为共同生活彼此熟悉，通过亲密接触和交流，相互之间形成了信任感。业缘关系是现代社会获致型的关系网络形式，该部分是讨论外出租地失地农民原有社会关系网络类型，因此该类型是基于其未外出租种而讨论的，即以外出这一行为为时间点进行划分。业缘关系是随着呈贡花卉蔬菜产业发展及城市化推进而形成的，W 社区在失地之前以农业生产为主，主要种植瓜果蔬菜，瓜果蔬菜除了市场零售之外，还存在外销批发，与传统社会的小农经营不同，农业经营类型已经呈现市场化，出现买卖关系或部分雇佣关系，还有农户成为中间贩卖商。除此之外，由于征地的时间较长，批次较多，部分失地农民外出打工，外出就业的失地农民在租种前也有打工的经历，业缘关系作为关系网络的类型，也存在于外出租地失地农民原有社会关系网络中，发挥着可强可弱的作用。

2. 种植初期原有社会关系网络的支持

真正开始种植生产前，外出租地失地农民需要进行生产资料的购置准备，这一准备工作既是将失地农民外出租种意愿转为行动的过程，也是确保生产销售顺利进行的关键。在种植准备阶段，外出租地失地农民因个人外出租种经验有限，会主动从原有社会关系网络中获取助力准备工作的资源或信息。

（1）筹集资金——自有资金和亲朋集资。外出租种农业生产与传统种植生产是不同的，农户在传统种植生产中主要需要付出体力劳动，并不需要特意地筹集资金去投入种植生产中，而且原有土地种植面积是有限的，农产品主要是自产自销或自用。但失地农民外出租种是规模性的种植生产，因此在租种前需要准备一笔资金，用于后期的土地租赁、农用物资的购置或雇佣关系工资等。这笔资金的大小根据种植面积和自身生产所需来估计，失地农民外出租种呈现面积化和规模化，种植面积与失地农民自身经济状况、农技经验、能力息息相关，种植类型也与呈贡区特色花卉蔬菜产业市场需求同步。以访谈对象外出租种平均面积 37 亩为例，初期准备投入资金保守预计需要 50 万元，其中包括土地租金、大棚设施的搭建、农业机械设备的购买、农药肥料农种的购买等。

你看地里的东西，样样都要花钱的，大棚布跟支架桩子，还有买的抽水机、播种机，包括农药化肥什么的都是要花钱的，像一亩这样的田地投入在一万块左右，刚开始可能多点，要先搭大棚买机器这些，但是买了几年都可以用，蔬菜苗这些还有农药就是每年都要买的，对了还有我住的这个砖房，还不是要花钱搭起来，也是花了几万元呢，刚开始自己还有点钱，但是苗种下还要等着长大才能获得收成赚钱，这段时间的花销不够就从家里面拿点，或者找亲戚朋友借点。

筹集资金主要有两种方式：一种是自己的积蓄，其中包括失地后的征地补偿款，这部分也属于自身的收入；另一种是外借资金，主要是依靠父母、亲戚或朋友出资帮助。在访谈中发现，当提及筹集资金的问题时，受访者都会表示跟亲戚朋友借钱是很正常的事情，除非已经无人可借或借款频率太高。当外出租地失地农民创业初期遇到资金问题时，并不会求助于政府贴息贷款或者商业性银行贷款，一方面，是因为这些贷款申请过程复杂麻烦，需要申请评估和反复确认，往返呈贡区和租种区域成本高，大部分外出租地失地农民觉得浪费时间，而且贷款需要支付利息，创业初期的外出租地失地农民，在不确定收益的情况下担忧还清贷款的问题；另一方面，亲缘关系是长期而稳定存在的，彼此熟悉而信任，向亲人及亲属筹集资金是最便捷的方式，并且不用承担额外的利息，自身生产成本不会增加，因此，在遇到资金问题时，外出租地失地农民会依赖于亲缘关系。

（2）土地租赁——亲友引荐或连带。寻找土地租种是外出租种的第一步，也是最关键的环节，如何选择合适的土地进行租种是外出租地失地农民需要不断探索的。对于外出租地失地农民而言，"合适"的土地首先是租种地的土壤、温度、水资源等适宜种植，其次是租金合适，或者交通便于运输，当满足第一种因素后会适当考量第二种因素。"选地"主要有两种途径：第一种是自行选择，也就是亲自到附近县域村落看地，这种途径要求外出租地失地农民具备专业的农技知识，并且需要投入财力和人力；第二种是通过亲友推荐或产业连带，往往适合租种的区域都会形成聚集性种植。这种聚集性以呈贡区为中心向外辐射，早期往南发展，在距离呈贡区较近的晋宁区、澄江县租地种植，中后期向东北方向发展，在昆明下辖郊县，如石林、陆良、嵩明等发展，由近及远聚集或分散种植，带动和吸引了一批又一批失地农民外出租种创业。

> 像我兄弟家在安宁那边也租了地，喊我一起过去整，但是太远了，来回麻烦，费运输费啊，刚好听我姑爷说他们村的地荒着，我就让他带我看看，可以就租，他跟村委会的人也熟，帮我们跟村子里的人谈谈价，跟村委会签签合同。其实也是我姑爷认得人了，不然自己去看去租，麻烦得很，容易扯皮，而且自己整你也认不得地价咋样，土壤是否适合，一般就是要听别的租地的说，或者跟着那些租地的去看看，不过租的人多的地方地价都高得很，也是不好弄。

自行选择合适的土地租用的前提是外出租地失地农民有可靠的租地信息，而这些信息的来源主要是亲友或村落邻居，亲密固定的关系才能保证信息的效用性。土地租赁除了找到合适的土地之外，还需要进行土地交易，也就是签订合同，形成具有法律效力的关系，避免租用过程中的争议。通过访谈发现，外出租地失地农民在租用土地的过程中，主要有两种土地租用的方式：一种是与个人签订合同，表现为外出租地失地农民与出租方是熟人关系，彼此是亲缘、地缘、业缘等关系，或有亲友作为媒介而拓展的关系；另一种是与村委会签订合同，主要存在于大规模跨区域租地种植的外出租地失地农民中，这种形式的租用并不强调个人关系网络的运用，但在衡量生产成本的前提下，外出租地失地农民会倾向于熟悉的亲友牵线搭桥。

总体而言，土地租赁形成一种利益关系，但在衡量生产成本和避免后期租用过程中发生冲突的情况下，外出租地失地农民会从自身稳定的社会关系网络中获取可靠的信息，并以情感关系为基础进一步发展土地租赁中的利益关系。

（3）农用物资购置——自选和亲友推荐。农业生产已经摆脱了土地的密集投入，转向了提高劳动生产率，但由于劳动力的短缺，机械化的技术成为农户的首选，而农业生产商品化以市场需求为导向，需要在技术及生化资料上优化（刘守英、王宝锦，2020）。外出租地失地农民的农业种植以特色产业为主，为了提高生产品质，就需要购置相应的优质农种、农业器械或者化肥农药。这类产品在呈贡区已经形成了具体的市场，为农户提供农用物资的选购渠道，也通过专业基地或公司企业，培育新型和优良的种苗，如何选择和购置农用物资，也是外出租地失地农民在种植初期需要考虑的。

> 呈贡人多数种的菜就是上海青、意大利、黄白、莜麦菜这些，呈贡人种的这些菜往全国销或者出口比较多，但是好不好卖要看市场变化和自己种的品质，每家用的化肥种子不一样，质量好的种出来就好，我一般是不会听那些卖药卖种的吹，牌子是牌子但是自己不适合种，找那些人买也贵，基本都是自己找租地的朋友问问，几个人讨论一下，或者自己联系专门弄菜苗的，卖农药的那些人肯定没有种过地的人懂。

在农业生产筹集资金和土地租赁完成后，农用物资购置是开展种植生产的最后一个环节。购置的方式主要是自选和亲友推荐，自选是通过农资实体店推荐或自己挑选，但针对具体的种植类型需要农户根据市场效用来评估；另外一种方式是外出租地失地农民在种植初期比较常见的方式，就是亲友推荐，在选择市场需求量大的种植类型时，他们会求助于种植同种类型的熟人，或者已经种植过该品种的亲友，确保他们的种植类型在创业初期有好的收益。

（4）情感支持和劳动力资源。原有社会关系网络除了在种植初期能为外出租地失地农民提供物质实体的帮助外，还为其提供了举足轻重的情感支持和劳动力资源。情感支持贯穿失地农民外出租种整个过程，是不能用时间段和空间来限制的，只要亲缘关系是强关系的存在，就会有源源不断的情感支持。在失地农民外出租种的种植初期，情感支持主要体现在助力外出租种创业的推进，具体表现为提供资金、帮助承担照顾子女的任务、感情疏导等。

> 决定租地后我媳妇是很支持的，但是我们两个第一次种花，没有太多经验，来地里的半个月我每天晚上都睡不着觉，听着外面的青蛙叫，担心自己不会弄到时候亏本，怕媳妇跟着自己受苦，我们毕竟投了很多钱，后来家里人聚在一起吃饭说这个事情，我老父亲还骂了我一顿，说要做就要好好整，赚不到钱大不了就不种了。

"害怕"是访谈中被调查对象提及最多的一个词，也是在种植初期外出租地失地农民的共同特征，他们投入种植的资金较多，承担着不易避免和不确定的风险，而在婚姻关系、血缘关系基础上形成的家庭，能在外出租地失地农民忧愁担心时为其提供安慰，并且通过亲友的一系列实际帮助，内化成一种情感力量。

除了情感支持外，在种植初期，原有社会关系网络还能为外出租地失地农民提供劳动力资源，这种劳动力资源表现为家庭的农业经营方式。在中国农业发展历史阶段中，以家庭为单位的生产方式占据着重要地位，如今这种重要地位也没有改变，作为社会关系的主要形式，家庭经营依旧是农业生产经营中必不可少的。失地农民在外出租种的初期除了购置生产资料外，还涉及装备大棚设施、翻土、排苗等一系列种植生产前活动，个人或夫妇二人完成是很吃力的，需要增加劳动力帮忙。但对于创业初期的外出租地失地农民而言，种植准备就是打地基，必须每步都建设安排好，不然会影响农作物的生长发育，直接影响销售收益，因此，外出租地失地农民会首选家庭成员来帮忙，一是不用支付额外的雇用费用，降低生产成本；二是对所雇用的人信任感不足，担心存在失误和纰漏，而家庭成员之间容易建立共同的生产目标，能在节约成本的基础上高效完成准备工作。

以亲缘关系、地缘关系和业缘关系为主的原有社会关系网络，在种植初期，不同程度地对外出租地失地农民提供实质性的帮助，但是种植初期只是外出租种的开始阶段，是农业生产经营的第一阶段，伴随着种植生产的不断深入进行，原有社会关系网络中因为同质性强，在一定程度上无法提供后期生产发展所需的资源，因此，外出租地失地农民需要拓展自身的社会关系网络，发展新的社会关系，通过新的社会关系网络获取异质性资源和更多的社会资本，助力其外出租种创业。

（二）生产收益阶段：新的社会关系网络的建构

农业种植生产是流动的，并且随着市场范围扩大远离了原有亲缘基础的村庄社会，生产和交易的发生离不开获得信任对象的足够信息，这种信任不再是情感因素，而是以工具理性为取向的，因此，需要在保持已有资源的基础上，建构新的社会关系网络，获取自己尚未拥有的有价值的资源。

种植初期，原有社会关系网络为外出租地失地农民的创业提供了资源和行动策略，但由于外出，他们离开了熟悉的乡土区域，进入未知而陌生的另一村落共同体，在全新的场域中通过互动和交流建立新的社会关系。农业生产资料准备完成后，外出租地失地农民真正实现"重操旧业"，在异乡进行更大规模的农业种植活动，而较失地前的种植生产模式而言，外出租种是规模化的种植经营模式，在种植和销售过程中，需要充足稳定的劳动力资源供给及拓宽销售渠道，这就意味着外出租地失地农民要获取更多异质性的资源和销售信息，因此，外出租地失地农民必须主动建构新的社会关系网络。

1. 新的社会关系网络的主体

异地农业生产的特殊性，使外出租地失地农民需要在地"守"土，广阔的租种地对其而言，既是进行种植生产活动的地方，也是日常生活的场所，他们靠地而居，在租地区域用简易石棉瓦搭建"房子"，这个单层的房子一般有两个房间，一个用于生活起居，另外一个用于存放农机、农药等农业物资，因此，其种植生产活动范围和生活范围是叠加的，在异地的活动范围仅限于租地区域村落或县城内。而农产品的销售市场在外出租种区域外，以花卉蔬菜为例，花卉主要的销售市场在流出地呈贡区，以斗南花卉交易市场为主；蔬菜的销售市场以蔬菜冷库为主，集中在通海县、陆良县、呈贡区与晋宁区，外出租地失地农民销售地的选择以个人偏好和市场为主，虽然不长期频繁活动，但与其生产经营息息相关。因此，将与种植生产和销售有关的主要对象，划分为外出租地失地农民的社会关系网络主体，关注外出租地失地农民与这些交往对象的互动。

（1）流入地村委会。流入地村委会是村落的基层群众性自治组织，外出租地失地农民作为外来人口在本村租地种植，由流入地的村委会管理，他们之间的互动围绕土地流转、社会管理展开，包括维持与当地人的经济关系，并且外出租地失地农民要遵守村内相关村约和规范，服从村委会的管理。

（2）长期雇工/工头。长期雇工是外出租种过程中雇用的劳作工，与外出租地失地农民之间形成长期稳定的雇佣关系，这种雇佣关系可以通过书面合同或口头协定。长期雇工除负责日常劳作任务外，还要承担看管土地的责任，一般的长期雇工为租种地的本村村民，与外出租地失地农民常年共同生产，雇主不在田地时，都会将租种地托付给长期雇工管理，因此，其较短工工资待遇高，与外出租地失地农民关系密切。长期雇工在有些地方被称为"工头"，因为他还负责短工的组织管理，所以被称为工头，而在租种发展成熟的地方，"工头"指的是负责喊工的人，这类工头会整合租种户需用工信息和村内外劳动力信息，帮助外出租地失地农民招工。

（3）同租种区域内的农户。土地流转在呈贡区周边郊县是比较常见的现象，并且外出租种在各区域都有聚集的现象。同区域的租种农户主要指的是距离租种地较近的农户，即与外出租地失地农民租种地相邻的土地农户，包括村内自用农田的农户和同样外出租种的农户，在生产生活中彼此会有交流和互动。

（4）农资类经营户。农资类经营户主要指的是农业器械、农药、肥料等农用物资相关的经营户，农资是农业种植生产中的必需品，外出租地失地农民购买农资主要选择流入地的农资类店、呈贡区大型农资市场或网上购买，产品质量的好坏影响农户的收益，因此，农资类经营户与外出租地失地农民的交往是频繁的。

（5）销售市场商贩/采购员。外出租地失地农民种植的农产品产量较大，主要是花卉和蔬菜，还有部分花苗、水果。花卉主要在呈贡花卉交易批发市场销售，蔬菜主要运输到较近或熟悉的蔬菜冷库，由冷库按市场价进行收购。在这两类销售市场中，外出租地失地农民主要与市场商贩或采购员有较多联系和互动。花卉销售主要是农户自己在交易市场售卖，或售卖给收花商贩，品相好及有专业处理的花可以进入拍卖中心，由各地区管理人员收购定级拍卖；蔬菜销售主要是通过与冷库对接，菜农自行运输销售，或由采购员来采购。

2. 新的社会关系网络的建构方式

外出租地失地农民依靠原有社会关系网络获得生产资料后，开始进入种植生产阶段，为了迅速适应和融入新环境，与流入地及市场建立关系助力其生产的稳定，他们在维持原有社会关系网络的同时，也积极地建构新的社会关系网络。这种建构过程主要表现为间接建构与直接建构，间接建构主要是原有社会关系网络作为"中间"关系人，以牵线搭桥的方式，使外出租地失地农民在此基础上建立以自己为中心的新的社会关系网络；直接建构主要体现在市场交易与日常生活中，外出租地失地农民直接与交易方建立关系，通过长期的互动与交流，双方的信任感不断加深。

在生产收益阶段，外出租地失地农民社会关系网络的建构主要是通过两种方式实现的：一是通过"中间人"与关系的另一方初步建立关系；二是关系双方通过市场交易活动直接建立关系。

（1）通过"中间人"建立。外出租地失地农民在流入地区域主要建立雇佣关系。通过实地调查和访谈发现，这两类关系的建立需要中间关系人才能形成初步的关系，而这种中间关系人以初级关系网络为基础，其不进行直接的干预，只是起到一个"牵线"的作用，在具体的实践中，外出租地失地农民将"线"与自己连接，经过互动交流及巩固关系，建立以外出租地失地农民为中心的新的社会关系网络。

雇佣关系的建立主要是在流入地产生，作为规模化的种植，外出租种过程中从种植到成熟采摘，都需要雇用工人帮忙。通过实地访谈发现，雇佣关系的建立往往需要一个"中间人"来实现，中间人与外出租地失地农民和雇工之间都是相熟稳定的关系，其在雇佣关系中起到推动的作用，而真正的中间人主要为流入地的相熟村民与同区域下的种植农户。初次到租种地的失地农民并不会贸然主动招工，因为不熟悉村庄情况，双方还没有建立信任，并且外出租种与小农经营不同，村民怕被骗拿不到工钱，而外出租地失地农民担心雇工不会做并且难管理，因此，雇工需要一个中介，也就是需要通过介绍人"以工带工"。

> 我们刚来的时候不认识什么人，要找帮忙的也不好去村子里面喊，因为才来别人会以为你是推销的或者是骗子，而且人不熟价不好把握，喊高喊低都不好，我家隔壁的也是租地的人，久了就相互认得了，去他家坐着玩就认得了他家喊的小工，有的时候他家小工就带着点人来我家收花，然后村子里面人也认得了就会自己来问了，要么就是你带着我，我喊着你来那种。

因为同为农业生产，在雇工能力方面的需求是相似的，利用这个相似点所雇用的工人，一方面避免了是否做得好的考量，另一方面通过熟人为中介的介绍，雇工与外出租地失地农民之间有一定的认识和了解，更容易通过互动建立长期的合作关系。而在外出租种发展相对聚集的地方，如昆明市的陆良和嵩明，当地因租种大量劳动力形成了相应的小型民间"劳动力市场"，在雇工与外出租地失地农民之间建立了一座"桥梁"，整合劳动力信息和租种户信息后，根据租种户需求的雇工人数按期寻找相应的短工，工资的发放可以由租种户自行发放，也可以统一由工头来发放，由工头进行分配，这种形式的雇用减少了外出租种农户和雇工之间的经济冲突，也使雇佣关系"理性化"。一定意义上，外出租地失地农民在异乡生产的过程中，与本地村民建立关系的同时，也拓展了流入地村民的关系网络。

除通过中间人建立雇佣关系外，在种植生产过程中，中间人还起到拓展业缘关系的作用，也就是帮助外出租地失地农民建立与其他农业相关群体的关系。在调查过程中发现，除了"工头"这样自发性的中间人之外，还有"帮运工"作为市场关系的中间人。

　　斗南村有个拍卖市场，在麦地庄上高速的口（属于石林）每天专门有人在那里等着收花拉到拍卖市场，你要是愿意就出点运费给他们，在家里面打包好花第二天拿给他们直接送上去，然后整个农业银行的卡，到时候拍卖好了钱就给你打在卡里面，这种不用你自己拿去卖，我们还省了点运输费，因为实在是养不起一个拉货车，我们种的不多，他们刚好也可以合在一起拉。

　　由于花卉是分亩轮种的，花卉成熟时间交错，其质量会随着采摘次数增多而渐渐下降，销售价格也会不佳，因此，在后期的采摘中，花农不会选择自行将花卉运输到呈贡斗南市场，因为那样利润薄且还徒增运输费用，这时，"帮运工"就出现了。这类运输工除从事花卉或蔬菜运输工作外，还代替花农进行交易，他们长时间与销售市场接触，认识的花贩较多，能帮助花农在最短时间内卖掉质量一般的花，花农只需支付相应的运输费，交易所得由"帮运工"打入花农的账户中，"帮运工"只赚取其中的运输费用。但"帮运工"不是公开存在的，需要通过熟人介绍才能接触到，并且由于交易环节的特殊，花农与"帮运工"之间要在建立信任的基础上才能进行后续的交易。

　　在访谈中，访谈对象认识"帮运工"是通过同样外出种植的朋友介绍的，朋友作为一个中间人起到牵线搭桥的作用，推动花农与交易市场建立市场关系，也与"帮运工"之间建立互惠的业缘关系。社会关系网络是不断变化的，外出租地失地农民在保证已有关系网络的基础上，根据自身的劳动力和最大销售利润的需要，利用原有社会关系网络，通过"中间人"与关系的另一方建立联系，并在具体的实践中扩张了自身的社会关系网络，但这种扩张不是盲目的，是以工具理性为基础的。

（2）直接主动建立。外出租地失地农民直接主动建立关系，编织自己的关系网，主要基于经济互惠关系，发生在具体的交易往来中。一次的交易并不能建构社会关系网络，只是作为经济关系的交往，长时间的互相接触，彼此间建立信任，自然而然地会维持交易往来。对于外出租地失地农民而言，生产收益过程中直接建立新的社会关系网络是发生在经济活动中的，主要与农资类经营户和购货方主动建立关系。

> 那些卖农药的有的会来地里面卖，刚开始我们都觉得不行，自己找了买，来得多了就偶尔聊几句，后来时间长了我就会去他店里看看，有需要的还可以打电话让他送过来，就不用自己跑，有什么问题也可以咨询他，虫害啊病啊那些，他们跑得多见的也多了，这几天他还会来我家吹吹牛，我们倒是玩得不错呢，偶尔会推荐点好的农药给我，或者打打折什么的，最好玩的是卖农药的那家还建了个群，里面都是种菜种花的，在里面交流交流，平时我们也看看，会有发苗种的还有转地的，样样都有。

作为市场参与的主体，同时作为生产经营者，经济活动的开放性让外出租地失地农民有更多的机会能接触到农业相关的群体，基于商品的交换，他们与农资类经营户建立了互动关系，在不断的交流和往来中，关系强度得到加深，趋向于人情和利益的结合。与以往小规模种植不同，外出租地失地农民面临的开放性市场和交易场所更大，且与其接触的经营活动相关的人群更复杂，在经济交换关系中，外出租地失地农民会接触到不同地位的农业经营群体，或者其他不同职业的社会群体，通过与这些群体交往，能获得多元的信息和资源，同时，也为社会关系网络增添了异质性，扩大了其社会关系网络的规模，使其生产经营有更多转型和发展的可能性。

> 跟这个老板已经合作很多次了，现在买卖都是要看质量的，这个肯定是市场交易的关键，我做苗木这几年，刚开始没有人认得我们这个基地，基本就是靠自己到处跑，平台交易也有，还有就是那些园林公司啊自己去问。跟这个老板已经认识几年了，他也是看中我这个苗木种出来不错，经常得闲就来地里面玩玩，后来熟了就推荐我认识其他老板，我这个苗木一下子就做大了，口碑也关键呢，不然你说我没质量、口碑不好，哪怕熟人人家也不会来买的。

外出租地失地农民与客户之间在直接的经济交易或互动中，一开始只是简单的买卖关系，利益是交换关系最直接的因素，而商品的质量作为建立关系的契机，推动了这种交换关系的延续。在频繁的互动和交易中，信任感逐渐增强，彼此之间单纯的利益交换关系会随着关系的深化而变化，有可能演变成为私人关系或者熟人关系，但利益也在其中发挥着作用，社会性的交换行为与经济性的交换行为相融，外出租地失地农民逐渐建构着市场中的社会关系网络，获得生产收益的同时，业缘关系也在不断拓展，助力其经营性活动。

（三）外出租地失地农民对新的社会关系网络的维持与巩固

关系是动态变化发展的，当外出租地失地农民确定关系对象并互动的时候，认识或相熟并不能代表社会关系网络已经建构，也不能保证关系的建立能转化成为一种资源（刘林平，2001）。外出租地失地农民的经营环境主要为租种区域，与其农业生产息息相关的包括流入地村委会、土地出租方、长期雇工、同区域内的农业生产农户，还有日常生活中的村落村民，为了维持生产经营的秩序，作为外来的租种户，需要与租种地区域的交往对象互动，同时，为了销售收益的最大化，外出租地失地农民与销售市场购货方密切联系。但短期性的交流与互动并不能保证关系的建立转化为一种社会资源，因此，要形成长期稳定的关系需要维持和巩固。

在关系的建立和维持上，彭泗清（1999）认为当代中国人建立和维持关系有六种方法，即袭、认、拉、钻、套、联：袭指的是沿袭已有的关系资源；认是确认与他人共同的关系基础；拉指的是强化关系，建立或增强既有关系；钻指的是通过手段接近地位权威的人物；套即套近乎；联就是扩展关系网。井世洁（2011）在考察医患关系和经济合作关系时发现，中国人普遍使用工具性方法和情感性方法建立关系和增强信任，前者指的是请客送礼，后者主要是互相尊重和交流思想情感。

在对社会关系网络的维持与巩固上，外出租地失地农民主要基于人情规律、互惠规律，通过礼尚往来的物质投入和情感性的关照，维持和巩固在流入地区域所建立的社会关系网络，实现利益关系向人情关系的转换。而作为纯粹交易的市场，买卖双方进行的都是一种纯粹的商品交易活动，是以工具理性为取向的经济行为，在经济交换的前提下，外出租地失地农民要维持与销售市场的联系，建立信任关系，在业务往来关系基础上进一步达成长期的合作关系，探索拓展农产品的销售链。

1. 送礼

在传统社会中，人际关系以社会性交换为主，并且也会有经济性交换关系的存在。外出租地失地农民初到异乡租种，以经济性交换的方式与租种地的村民或村委会建立关系，主要体现在土地租赁活动中，由于是外来人口，还不能在群体内部建立长期的人际关系，因此，出现了前文提及的外出租地失地农民的现状问题，包括土地租金的恶意上涨，租住地水源电力、生产工具被偷盗等，这些问题都影响了种植生产的正常进行。为了避免此类问题的再发生和加深，需要外出租地失地农民寻找能够帮忙的关系方，而流入地村委会作为村落的管理方，成为关系方的首选。

> 村里修路，我家刚好是在路边，坝埂连着路那就被大车压塌了，去村里问说要等和大车司机协商好再解决，但是很久了都没有解决，坝埂不算我们租地面积，所以合同没用，虽然塌的不是很多，但是塌的地方下雨容易灌水进来，前几天下雨淹了我家一部分的大棚，跟村委会说，又说是大车司机还没来解决，我们等不了啊，过几天又要下雨，自己花钱填了又怕填不好村里说不行，不填自己受影响，昨天我让我老公送了点烟给人家，请他们帮忙来修修，一下就给我们解决了。

在契约关系上，外出租地失地农民与村委会双方是平等的，并且意义上受法律保护；在村落基层管理方面，双方呈现管理与被管理的关系。置于制度保障外的日常生活，既依靠村委会的基层治理，也依赖村落长期沉淀的乡土文化秩序，作为外来群体，外出租地失地农民只能依靠人情伦理平衡这种关系，只要接受礼物就意味着双方的关系更近了一步，俗话说"拿人钱财，替人消灾"，但接受礼物之后受惠方就会相应地做出回应。"礼物"作为一种实现某种目的的手段，在一定程度上也让彼此的关系从生到熟，外出租地失地农民以此方式从经济性交换关系转变为社会性交换关系，也是一种功能性维持和巩固关系的方式。

2. 人情化交往

在生产经营过程中，雇工与外出租地失地农民除了口头或合同签订的雇佣关系外，还是合作的关系，他们长时间一起劳作和分工，雇工根据自己既定性的义务完成自身的工作，而外出租地失地农民作为雇佣方监督着雇工。在访谈中发现，雇工并不好找，特别是遇到当地已有租种农户时，雇佣价格的偏差会导致雇工导向性强，大部分的雇工愿意为雇佣价格较高的农户劳作，并且价格的界定不固定，根据农户的劳作量而定，但每日的雇工价格不能过高也不能过低，太低难找工，太高会破坏原有的雇佣价格秩序，造成部分租种农户的利益受损。因此，在雇工方面，大部分外出租地失地农民愿意将短工培养成长工，这就避免了再次找工的烦琐，也不需要外出租地失地农民再重复操作生产流程，教新工干活。除了经济利益的往来之外，人情化交往是建立长期关系的方式。

这个大妈刚来的时候就做短工，手脚麻利，我们就经常喊她来做，后来她儿子出事还被人打，她好长时间没有来。我媳妇听人家说她命很苦，小娃又到处闯祸，有次遇到她，我媳妇看着难过就给她点钱，还弄了点地里的菜给她。从那以后我们一忙她就来帮忙，有的时候还不收工钱，我媳妇就叫她长期做，现在做了快3年了，每天都最早来，不需要操心，有时候还帮着煮煮饭。

除了合作劳动，日常的适时关怀促进了外出租地失地农民与雇工的情感交流，他们之间建立了超出经济利益关系的"朋友"关系，也为其长期合作奠定了基础。虽然"利益"作为彼此之间关系的基础，但传统社会人际关系中的信任和乡土村落中的"乡情"，使外出租地失地农民在流入地新建的社会关系网络得到进一步巩固。

3. 遵守市场准则

外出租地失地农民作为农产品的生产方，并没有直接与消费者接触，进行直接的贸易往来，但由于专业化的生产，他们直接面对市场。大规模种植的特殊性，使外出租地失地农民选择不同的销售方式，通过订单收购、冷库外销、批发市场等方式参与市场，为了获得更高的收益，就要保证上品的质量。通过访谈得知，蔬菜的销售要对接冷库，由冷库收购保险再外销，而对接冷库的标准是要保证蔬菜农药的用量不能超过一定的百分比，上品的蔬菜能获得高价收购，次品只能低价售卖，而不对接冷库自行外销的蔬菜同样也有这类要求，因此，为了维持交易合作关系，需要遵守市场准则。

　　无论你是种菜还是种花，都要保证质量，规定不能使用的农药之类的你就不能使用，农药用多了卖相不好，而且买的人都懂，好的肯定就卖得出去，哪怕行情不行，但是一般上品的多少都有点赚头，所以做买卖就不能贪便宜，从品种到用药到卖，都需要好好地把关和经营，你只要保证质量，和有的老板合作多了，大家彼此熟了信任了，以后肯定就会多来，毕竟市场嘛，终究还是看产品，亏本的买卖肯定不会有人愿意做。

访谈中发现，蔬菜花卉的行情价每天都在变动，但农产品的成熟期是不变的，因此在预计成熟前外出租地失地农民都需要留有足够的时间寻找销售渠道，发布相关外销信息。在收到预定款和口头承诺销售价格后，无论采购约定时间当日农产品的行情价高低，双方都会按照约定价格进行交易，甚至农户自身亏本。经济交易最重要的就是"诚信"，产品质量在外出租地失地农民的销售中是最关键的，长期的合作需要交易双方遵守市场准则，以彼此间的信任为基础形成合作关系，树立声誉和口碑，所形成的持续合作的关系，也实现了陌生关系的熟悉化（刘少杰，2010），并且在遵守市场准则的基础上还应该信守承诺。

市场是开放性的，交易双方都能互相选择交易对象进行经济活动，这种熟悉化建立之后，对于外出租地失地农民而言，会进一步拓展农产品的销售渠道，以"品质"为基础建立更多的合作关系。

4. 网络通信软件的使用

现代网络的发展推动了信息的共享，同时也使人们的交往实现了虚拟的关系互动。对于外出租地失地农民而言，日常生活远离了原生村落，由于生产的特殊长期在地，亲朋好友的往来互动大多通过通信工具和网络聊天软件实现，他们使用微信保持着和亲朋好友的互动，同时也互相建立和扩大业缘群体的交流群，通过群聊交流农技、发布农资类信息甚至获取销售渠道。

> 像这种花卉交流群啊，或者农业交流群啊，我都有好几个呢，全国性的也有，本地自己建的也有，一般是认识的人拉进去的，还有的就是卖农资或花苗的组织的，里面都是租地种的，或者卖苗和收菜收花的老板，像我认识的好多人都在里面，现在也认识几个，平时聊天多就熟了，平时互相看看朋友圈啊，有时候有转地的啊要苗的啊，都会在里面发，离得近的有货的就会帮忙留意着。

通信工具和网络的普及，使人们的交往突破了空间的限制。在访谈中发现，通过网络通信软件，外出租地失地农民维持着亲缘和地缘关系，同时也发展和巩固着业缘关系。因为同为租地种植群体的缘故，在不涉及利益的基础上，他们更倾向于维持这类信息共享的关系，并在交流中建立信任，获取进一步发展线下关系的可能性。

（四）小结

社会关系网络是一个动态的过程，它会随着时间和交往主体的不同，扩展或收缩，重建或组合，并通过互动交流产生强弱关系程度的变化。外出租地失地农民的社会关系网络主要是根植于原有村落中的，亲缘关系、地缘关系和业缘关系是其社会关系网络的组成部分。在种植准备阶段，社会关系网络帮助其筹集资金、寻找租地信息、采买农资以及提供情感支持和劳动力资源，但随着异乡租种活动的推进，外出租地失地农民需要离开原有生长的村落，到陌生的村落进行与以往不同的农业种植生产，这就意味着他们将融入新的环境，会接触到新的个体，并且与之建立关系、互动和交换。

随着种植生产的开始，原有社会关系网络无法再提供源源不断的支持，为了生产生活的顺利进行，外出租地失地农民需要建构新的社会关系网络。他们通过"中间人"或自己主动建立的方式，在流入地区域与长期雇工、村委会、当地村民、同区域农业种植群体等建立"利益"为主的工具性关系，并以市场选择为基础，同销售商或采购人建立经济关系。社会关系网络的稳定存在需要双方之间不断的人情交往和交换，这样才能保持生命力。因此，外出租地失地农民通过送礼、人情化交往、遵守市场准则、网络通信软件的使用等方式，将"利益"关系加入了情感的因素，在长期的互动中建立信任关系，从中获取相应的资源和支持，形成新的地缘关系和业缘关系，并推动农业种植生产的发展。

社会关系网络并不是一成不变的，它会不断地向外扩展自己的范围，个体积极地拓展自己的人际交往范围，建构和再建构自身的社会关系网络，为自己赢得社会资源，并增加社会关系网络升值的空间和可能性，个体社会关系网络规模越大、异质性越强、网络成员的地位越高，个体从社会关系网络中摄取的资源越多。

三 分层发展过程中的社会关系网络

(一) 社会关系网络的建构及带来的分化

自由市场的发展，尤其是自由选择就业的发展，是历史研究中受到高度评价的事件（森，2002）。社会发展意味着社会分化，在城市化进程中，失地农民通过城市融入和职业流动适应自己的新角色，随着各种非农就业渠道日益增加，失地农民群体内部产生了职业类型的分化（谢勇，2010）。在失地后，呈贡区的失地农民分化出多种从业类型，政府主导的安置就业，如保安、保洁等岗位，还有雇佣型，以商业和服务业的自我雇佣或受雇佣为主，除此之外还有自我创业型，即本研究所提及的外出租种。

这种自我创业的就业方式更加依赖于失地农民自身的人力资本与社会资本，简言之就是创业资源的占有程度。随着生产经营渐入佳境，外出租地失地农民所拥有的社会资源的数量和质量发生了变化，他们获得的社会资本也有所差异。由于获取社会资源的机会和自身能力不同，因此，外出租地失地农民呈现不同的层次。不同的分层意味着社会关系网络位置的不同，社会关系网络中的资源也不同，从侧面反映出个体社会关系网络的建构存在异质性。有的外出租地失地农民还保持着普通的家庭式经营，自负盈亏，另外一部分外出租地失地农民转型为企业经营或合作经营，成为产业化经营组织的成员，群体之间的社会关系网络具有差异性。笔者通过调查和访谈，将外出租地失地农民群体划分为三个层次，即"发展型"优势获利群体、"维持型"中层群体与"煎熬型"失利群体，并对不同层次的外出租地失地农民的社会关系网络建构与变动进行详细介绍。

1. "发展型"优势获利群体

"发展型"主要表现在扩大种植规模及寻找农业转型方式，以期获得更高的收益。这种类型群体自身的种植技能过硬，且大多在被征地之前就有外出租种的经历或者经验，因此，此种类型的外出租地失地农民外出的时间较长，种植经验丰富，他们掌握着更多经济、政治资源，声望与地位比较高，为区域性的蔬菜、花卉或苗木市场做出很大的贡献，并且积极地探寻新品种的培育。在生产经营模式上，获利的外出租地失地农民不再是直接劳动者，而是管理者和"引路人"，他们已经拥有团队化的农业租种形式，具有成形的管理制度和明确的合作分工体系，从原有的家庭生产经营模式向以公司形式进行订单生产转变。这种转变一方面是受到原有资源优势的影响，即外出租地失地农民原有社会关系网络中已经有成形的农业企业，其外出是依托于企业社会关系网络，从中获取了具有市场优势的生产资料，进而后期在种植生产中占据了资源的优势；另一方面是因为个体获取资源的策略，即通过工具性行动，去接触农业生产经营中的"精英群体"，通过与这类群体交往，获取更丰富和优质的异质性资源，进而拥有更多优质信息的渠道，拓展自身的社会关系网络。

我 2007 年跟着我表哥出来弄的，我兄弟有经验，是个有名的种菜能手，2009 年的时候我加资跟他合租种韭菜，后面他资金出了问题不整了，我就独自承包做，但是自己整的确没有以前跟着我表哥弄得好，所以才整了一年我就喊他来一起做，说难听点是跟着我一起吃苦，说好听点就是让他来做技术指导。我原来就租了 40 亩，前几年倒是赚钱的，特别 2010 年的时候，一年赚了一二十万元，但是随着出来租地种的越来越多，地租高，种蔬菜的也多，行情不好，收益不怎么好了。我就想办法去参观那种整得好的蔬菜基地，在蔬菜基地里面就认识了收蔬菜的老板，原本私心想以后说不准可以跟他做生意，后来吃饭聊天久了就成朋友了，他说准备成立个公司搞蔬菜生产，让我们一起投资弄，说实话我刚开始不同意，毕竟风险大，后来觉得公司虽然管理麻烦一点，但是销路广，其实说实话刚开始开公司看重菜老板的关系，毕竟他认识的老板比较多，销路扩得开，后面是真觉得这个人靠谱，能一起做生意。现在我们扩大到90多亩，有几块包给熟人种，其他的就是招人来弄，我兄弟就负责技术管理这块，我就什么都管，公司的收益比之前我们自己整的时候的确翻了倍，但是风险和投资也在增加，公司一损皆损，一荣皆荣。

X 大叔的表哥 2000 年开始外出租种，在被征地之前其跟随做蔬菜种苗生意的朋友到湖南等地租种排苗，2005 年收益良好之时，利用蔬菜苗木的业缘关系获得了优质的韭菜种开始独自回乡外出租种。2007 年 X 大叔与其表哥合租，虽然种植经验少，但在表哥的指导下自身的种植技能得到提高，在后期独自出资租种时，技能性资源的获取依旧从表哥这一亲缘关系中获得。X 大叔之所以能从原有的家庭生产经营模式转变为以公司组织形式生产经营，是因为其在不断地扩展自身的社会关系网络，虽然依靠原有社会关系网络获得了种植技能的支持，但是在变动的经济关系中其积极地编织自己的关系网。

关系是变动的，人们的关系可以从无到有，可以从强到弱，也可以为了某种利益将新朋友变为合作伙伴，当原有社会关系网络无法再为外出租地失地农民提供资源和支持时，作为行动者的外出租地失地农民必须调整或新建自己的社会关系网络。在访谈中提及的蔬菜种植基地参观，实际是当地蔬菜行业协会的技术交流活动，X 大叔通过朋友介绍加入了禾源蔬菜协会，定期跟随协会参加技术交流和培训活动，并在活动中与菜老板相识，通过长期的互动交流进一步建立企业合作的关系。除此之外，X大叔与菜老板的合作，使其自身能够从菜老板的社会关系网络中获取更丰富的资源，如销售渠道，在一定意义上，菜老板是联结X大叔与其他蔬菜老板的中间人，通过社会关系网络中的中间人，外出租地失地农民能占据位置上的优势，拥有更多获取优质信息的渠道，进一步扩大其社会关系网络的规模。

2. "维持型"中层群体

"维持型"主要表现在目前经营收益基本稳定，在维持生存的基础上能获得额外的收益，并且没有扩大种植规模的打算，寻求稳定性的经营。在经营模式上，这类群体以家庭化经营为主，夫妻双方都具有农业种植的经验，多为夫妻搭档外出，在外出初期，他们以家庭为单位，通过夫妻间的分工合作进行农业生产经营。在家庭结构方面，这类群体的家庭负担较轻，家中子女已成年，甚至可以独立生活，还有少部分外出租地失地农民的子女已成家。这种类型的外出租地失地农民已经不再必须抚育子女，降低生活成本以此扶持家庭的发展才是关键，与"发展型"优势获利群体相比，"维持型"的外出租地失地农民原有社会关系网络中资源优势不突出，即虽然有可获取的资源，但这类资源以物质人力资本为主，与农业种植相关的生产资料、技能资源较少，因此，在种植生产过程中，其主要维系和建构业缘关系网络，强化自身种植技能。

> 我们出来租地差不多6年了吧，刚好那年我家老二上大学我们出来租地的，家里老人也都不在了，小孩也不用管，地又被人征了，怕等老大结婚时没有房子，就想着出来找点活做做。来这里租地是我朋友推荐的，刚好他租地的村子有闲地，他比我早两年出来整的，那时候菜销路特别好，他倒是赚了很多钱，

我就想着跟我老婆也整点种种，自己也会这门手艺。来的时候朋友帮我们联系的村委会，还有菜苗也带我们去看，毕竟他比较有经验，我以前也种过菜，但是大面积种没弄过，所以刚来的一年多里都是摸索，基本就是靠我朋友，还有旁边一样是种菜的，离得近就串串门，平时让他来帮我们看看，或者跟着他跑跑农资市场。农资市场是宝啊，但是水也深，只要跟卖农资的打好交道，在专业指导上他就会告诉你用量多少，哪种药贵但是不中用。跟我关系比较好的一个卖农肥的，认识好多外出种菜的，就会经常跟我聊哪家跟我一样种油白菜，种得多好多好，我实在好奇就当取取经去人家地里转转，学种菜就是要脸皮厚，多认识一些能人自己相应也学到点东西。我现在要不是有我朋友还有其他种地的朋友，凭自己本事的话是很难走得长的，虽然说种地的事情一般不告诉别人，怕别人学了去，但是虚心求教，当朋友相处只是交流，互相之间也有个照应。

社会资源是通过人们之间的联系获得的，人们通过社会关系网络得到社会资源并在具体的生活实践中加以利用。L 大叔没有外出租种的经历，并且种植技能较弱，在其朋友帮助下，他获得了生产资料及技术支持，在异乡开始了 6 年的租种。在蔬菜种植的摸索中，他通过交易往来的方式与农资类经营户建立关系，在这类业缘关系的基础上积极建构新的业缘关系，表现为主动与"种植能手"建立关系。社会关系网络是不断变化的，但自身资源无法提供支持的时候，他们会有意识地在生产经营过程中建立对自己有价值的关系，并不断地建构新的社会关系网络，获得农业种植的信息。笔者认为"维持型"中层群体能维持稳定收益，排除市场波动因素外，一方面，是因为不用日常照顾成年子女，家庭性的开支较少；另一方面，主要与其"主动性"建构社会关系网络有关。

3. "煎熬型"失利群体

"煎熬型"主要表现在拥有的自有资源有限，并且在此基础上从外部获取的资源较少，在自有资源有限的情况下，该类型群体对建构社会关系网络的积极性较弱，他们以维系原有社会关系网络为主；而煎熬主要表现在目前收益不乐观，并且存在亏本的情况，但鉴于生产资料的投入，在放弃租种和期待来年翻本之间犹豫不决。

此类群体在家庭结构中与"维持型"中层群体形成鲜明的对比，"煎熬型"失利群体的家庭负担较重，其家中有需要抚养的义务教育阶段子女或生病老人，长期外出租种一般由丈夫承担，妻子则留在家中照顾未成年子女或老人，闲暇时偶尔前往租地处帮忙，极少有夫妻双方带着未成年子女共同外出的。因此，该类型外出租地失地农民从原有社会关系网络中获得的资金支持、人力资源是有限的，而独自外出，在地的时间相对较长，外出租地失地农民建构社会关系网络的空间和机会较少，主要围绕在地化业缘关系和维系原有社会关系网络。

　　刚出来租地的时候想着是能够赚点钱，听村子里的人说租地比在家里整好弄，我认为种蔬菜去哪里都是种，其实跟家里种的没什么区别，原本打算喊着我媳妇一起出来，但是家里有老人要照顾，就只能伙着我们村的老二出来一起租地种菜。我们两个出来租的地不多，毕竟自己没有垫本，够自己种就行了，他在手机上看到现在这个地要租，我们两个就一起来看，地租很便宜，我们2015年来的时候一亩才1000元多一点，刚开始就种上海青，收益还是不错的，后来听老二说意大利赚钱，我们就换意大利种。实话跟你说，我还是觉得上海青比较有赚头，毕竟我自己拿得准做得也不错，要不是前年那次大雨，我们现在收益肯定是很不错的。2017年的时候遭过一次大水，到现在损失还没有填完，那场大暴雨我真的是亏大了，刚好是等着可以收成的菜，全淹死了，那次之后亏的也多，我是不想整了，但是老二又觉得投进去的东西多，我也想着要不再试试，万一哪天回本呢。

"失利"对于 L 大叔来说主要有两个方面：一方面，比较直观，即在外出租种过程中遭遇不可控的风险，以自然灾害居多，在特殊天气变化的时候，外出租地失地农民不能及时降低伤害，导致后续生产无法短时间内恢复；另一方面，在具体的访谈和实地调查中，笔者发现 L 大叔提及最多的就是老二，即跟他合种的老乡，从其描述种植生产过程发现，生产资料等的购买基本由老乡提供，L 大叔在访谈中表现出对自身种植技能的自信。在一定意义上，L 大叔原有的社会关系网络的资源利用较弱，其依靠地缘关系外出，在地建构的社会关系网络也主要围绕地缘展开。而失利后的煎熬主要来自是否继续租种的问题，他们想要撤出租地区域重新寻找新的生存方式，但是舍弃生产成本的投资会使亏损增加，雪上加霜，只能怀着来年市场运行良好、自家作物正常收成的希望，承担着负债继续租地种植，"想撤撤不走，想回但是难"，这种两难的境地让他们只能期盼维持生存，减少风险。

（二）社会关系网络优化与经营模式转变

外出租地失地农民建构的社会关系网络主要包含两方面：一是在地化的社会关系网络，在租种区域以建立和维持业缘关系为主，目的是稳定生产环境秩序；二是新的商业网络，外出租地失地农民基于商品交换建构工具理性的关系，通过销售农产品直接参与市场交易环节，商业网络对于农业生产种植经营收益是至关重要的。在建构商业网络的过程中，由于呈贡区特色农业的产业优势，以及外出租种的规模化，外出租地失地农民面向的是流通性更强的竞争市场，市场信息是完备的，他们能够获得与自己交易决策有关的销售价格信息。但在市场中，规模化生产及品种优良者能够获得更多的收益，与外出租地失地农民相比，专业的农业企业或龙头企业在市场中具有明显的优势，因为它们拥有良好的经营管理能力，在销售市场中具有"品牌"优势，并且更加靠近市场的中心，越靠近市场网络中心，获取到的信息资源越丰富，包括未公开的有价值的信息。

作为以家庭化经营为主的外出租地失地农民，由于缺少企业的品牌优势及市场位置，他们在市场信息的获取中主要依靠同质的业缘群体、公开性的农业信息平台（如政府网站、以企业为依托的农业公众号），而获取的市场信息为每日全国或地方性的农产品销售价格，在获取信息的同时，他们还能获得潜在的资源。这种潜在的资源主要是销售渠道和技能性资源，这类资源占有的数量和质量影响外出租种的发展，即影响租种的收益。为了获得有利的市场信息，外出租地失地农民通过转变经营模式来实现社会关系网络的优化，经营模式的转变间接影响了他们社会关系网络的质量，在社会关系网络的不断扩张和延伸中，外出租地失地农民能获得丰富多样的种植类信息、销售渠道并交换有用的资源，不断扩大和发展现有种植规模或随市场发展改变种植类型，从而实现更大的收益目标。

以花卉种植为例，外出租种的花农以家庭化经营为主，即自种自营的模式，花农需要将种植生产的鲜切花进行简单的包装，按照一定的重量或数量进行捆扎，利用自家货车运输到呈贡斗南花卉市场进行售卖。对于规模化种植的外出租种花农，销售渠道主要有三种：第一种是卖给收花商贩，进入自由批发市场；第二种则是送入昆明国际花卉拍卖交易中心；第三种是直接由购货方上门交易。在三种销售渠道中，进入拍卖交易中心的收益较高，特别当花卉评级为 A 类时，但由于花卉的"娇嫩"，一般的外出租地失地农民无法实现专业化的加工包装与运输，花卉的质量定级会受到影响，花农更倾向于售卖给收花商贩。除此之外，花苗的品质及种植类型的选择也会影响花农的收益，花卉产业的发展使得同类种植类型繁多，花农只能从提高产量及产品质量方面增加销售量，进而获得较多的收益。

花品种越好自然质量就越好，但是品种越好在市场上越少见，因为难种，天气、土壤还有温度都要控制好，一般花农主要就是种容易培育的，玫瑰花、桔梗花、满天星之类的，这类花不会存在销不出去，但是价格不占优势。

占据价格优势的往往是以企业为主的品牌花卉或专业化的花卉基地的产品，从花种培育、剪摘、消毒包装到市场售卖，每个环节都以组织化专业化的操作进行，生产资料、技术资源与市场信息在农业种植中占据核心的位置，这就意味着花卉交易市场中，品牌花卉等组织化的农业生产模式能获得较多的收益。因此，在生产经营过程中，有的花农会寻找与企业合作的机会，通过投资加盟的方式，购买品牌花卉企业的花种，以获得企业后续的技术支持及销售保底。

依托公司好听点说是合作经营，说简单点就是买它们的花种，帮它们种花，在种花过程中为了保证质量，公司会为你分配技术人员帮你定期检查，到时间花收成了也有人专门来收花，不用自己去卖，收花的价格一般就是行情价，但是有的时候看你种出来的花能不能符合它们的标准，不符合标准的就只能按亩数低价收购，种植出来不用自己愁销路，收益都有的，不过比自己种相对低一点。而且它们还有风险保底，如果今年遭受灾害了，地里的花被冻伤或者淹死了，公司都会兜底赔钱给你，一般是一亩3000元，虽然比投入的少，但是至少自己还能拿回来一点本金，要是自己种的话遇到极端天气，就只能自己受着了。

在实地调查中，外出租种经营模式主要有两种：一种是以家庭化经营为主，这种类型是租种的主流，外出租种的大部分是这种自种自营类型；另一种就是合作类经营，依托龙头企业、农业合作社、行业协会等组织，以成为组织成员的形式，享受组织的管理与服务，并共同种植生产与收益。前者主要依靠外出租地失地农民个体与开放性销售市场建立商品交换关系，后者利用企业、合作社等品牌效应，通过合作性组织拓展销售渠道。在经营模式的选择上，笔者认为合作类经营模式是对外出租地失地农民个体社会关系网络的优化。

> 我跟这个公司合作快有 3 年了，虽然收益薄，但是我整这个花比以前更专业，我觉得啊至少比有些自己整的专业，毕竟公司请的技术工也是专家呢，他们比较懂市场里面什么品种的销路好，也知道哪种花种整出来好卖，我就当是学技术，经验上面肯定是没有自己多，但是市场和品种培育包括病虫害他们比我们精。换句话说，人家为什么能成立花卉公司而且品牌能打出去，关键靠的就是品种质量嘛，呈贡人每个人都有种菜种花的本事，但是各有千秋，想要种得好自己摸索是不行的，也要会找厉害的人学，我自己肯定没有本事开公司，但是学技术换品种肯定是会的嘛。

社会关系网络的优化对外出租地失地农民而言，指的是为了获得更多的市场信息和种植类的资源，他们会目标性地与比自己层次高，或者掌握优质资源的人主动建构社会关系网络，并在这一过程中，通过资源获取优化自身的原有社会关系网络。笔者认为这种优化主要体现在两个方面。①增加了社会关系网络的异质性成分。以家庭化经营为主的外出租地失地农民，在社会关系网络的建构中以拓展业缘关系为主，维持和巩固个体与个体之间联系，但业缘群体之间的同质性较强，特别针对同层次交往的外出租地失地农民群体，他们很难获得异质信息和市场机会，并且在后期的业缘关系交往中，"利益性"突出，彼此间关于农业种植的信息交流有所保留。②为外出租种拓展社会关系网络提供机会平台。合作类经营模式促使外出租地失地农民与专业技术人员、公司组织人员等建立关系，这类交往对象在农业种植生产中处于相对优势位置，外出租地失地农民通过与其进行长期的互动和交流，能获得更多的技能资源或市场信息，并有在生产经营中拓展自身社会关系网络的可能性。除此之外，合作类经营模式虽然很难使外出租地失地农民分享到结构形态所带来的利益，但是在应对自然灾害及不可抗力因素时，合作组织能尽量减少其损失，保证外出租地失地农民的利益。

（三）外出租地失地农民社会关系网络建构的困境

在异乡租地创业过程中，失地农民租地前期复制原有社会关系网络达到适应新环境及就业方式的目的。随着居住空间变化及农业生产方式的变化，种植生产活动开始后，外出租地失地农民从原有社会关系网络中获取助力种植生产的资源有限，因此，他们会在"复制"原有社会关系网络的过程中，选择性地维持和巩固某一类社会关系，并在运用原有社会关系网络获得资源后，根据自身资源所需，在特定的情境中策略性地建构新的社会关系网络，助力其农业生产。然而，由于自身社会资本的存量有限，农业生产经营的不适应性与变动性较强，外出租地失地农民目前存在社会关系网络建构的困境，即获取异质性资源的困境。

第一，外出租地失地农民整体社会关系网络呈现"两地化"的特征，这种"两地化"增加了其建构和维持社会关系网络的成本。失地农民外出租种意味着生产生活空间的转移，从地域视角来看，外出租地失地农民从原住社区向租地区域流动后，导致了社会关系网络结构的变化。外出租地失地农民的社会关系网络被空间变化划分为两个社会关系网络，表现为一方是迁出地的社会关系网络，即他们在 W 社区所建构的社会关系网络，另一方是迁入地的社会关系网络，也就是其租地区域的社会关系网络。简言之，居住空间的变化使得外出租地失地农民的社会关系网络被分割成两个地域的社会关系网络，他们在异乡租种的过程中，需要维系和巩固 W 社区的社会关系网络，保留原有的社会资本和社会资源，并从其中获取情感支持和安全感，同时他们也要维持和发展在租地区域的社会关系网络，通过社会交往适应新环境，从中获取新的资源，助力其生产和生活的有序进行。

在调查访谈中发现，"两地化"的社会关系网络使外出租地失地农民的社会交往在两地间往返，特别是遇到人生仪礼重要场合时，虽然外出租种，但他们也必须到场或者"人情送礼"。"一个月至少有一场酒要回去吃，不是结婚的就是孩子满月的，如果实在忙得去不了，微信转账或者找人代送，也要把这个人情做了。"中国是一个人情与面子的社会，人与人之间关系的维系需要人情。对于外出租地失地农民而言，关系是一种资源，而送人情一方面能维持原有的社会资本，另一方面也能保留其作为情感支持的力量。但与失地前的人情往来相比，在地化的社会交往需要增加更多的成本，而与迁出地的亲友之间的社会交往，因空间阻隔频次相对减少。社会关系网络的"两地化"使外出租地失地农民人情交往的费用增加，为了维持原有的社会关系网络和拓展在地的社会关系网络，外出租地失地农民分身乏术。因原有社区的社会关系网络是外出租地失地农民的社会记忆的载体，在租地区域，"外来"意识很难让其建构在地的社会关系网络，主要是为了生产经营的顺利进行，有意向性地巩固在地的雇佣关系；而乡愁情感的无法割舍，让外出租地失地农民更加倾向于维持原有社会关系网络。因此，在建构社会关系网络时，

"两地化"使外出租地失地农民对于建构的意识不明显，他们更倾向于在原有村落中再建构社会关系网络，或者在销售环节中建构以经济关系为主的社会关系网络。

第二，缺少能获得异质性资源的正式公共平台。正式公共平台指的是以政府为依托的公开性信息平台或交易平台，通过这类平台，外出租地失地农民能获取市场信息及资源，并在公共的交易平台中进行安全的网络交易。在现有的公共平台中，除了实际的交易市场外，外出租地失地农民主要通过业缘关系群体及微信聊天软件获得种植资源及市场信息。但是业缘关系群体中存在很强的同质性，即在外出租种过程中，外出租地失地农民倾向于强化原有社会关系网络中的业缘关系，他们会与农业种植的"朋友"合作交流，并且以其作为中间关系人，拓展同类农业种植相关的朋友圈。

在访谈中，访谈对象经常提及"朋友"一词，其所说的朋友指的是和他们同样外出租种的失地农民，或者是有过交易往来的农业相关的经营者。这些朋友有的是未外出时就熟知的，即原有社会关系网络中的业缘关系，有的是外出后在具体的种植生产活动中建立起来的关系，即外出后建构的社会关系网络中的新业缘关系，他们之间的交流互动除了情感上的交流之外，主要是与种植相关的信息互换。但是这种资源的交换容易导致信息的重复性，而作为理性化的业缘关系网络，开放性和功利性使外出租地失地农民不易拓展和巩固业缘关系网络。

种地这种东西每个人都是有诀窍的，但是这种诀窍一般都不会告诉外人，特别是用种用药或者是自己建立的老板信息之类的，再好的关系也只是点到表面为止，我看过很多那种朋友之间一起种菜做生意后来散伙的，因为一起搞存在你搞得好我搞得不好，也有意见不一致的时候。现在种菜主要是自己搞，如果有能聊得来的朋友提供帮助，他教你怎么弄，剩下的也要自己整，你说的技术交流什么的，交流都是共同知道的信息，关键的那些怎么买到好种苗之类的，人家不会怎么说，毕竟都是种地的啊，大家都是各凭本事的。

外出租种过程中，由于农业生产的职业性，业缘关系的强度不再是可强可弱的，而是偏向一种强关系的存在，人们外出租种后为了稳定发展农业种植，与生产相关的群体交流更多，特别是同类外出租地失地农民，他们之间建立关系一方面能交换市场信息及资源，另一方面能通过维持和巩固的方式使其具有情感支持的功能。但是其业缘关系网络的同质性较强，他们沟通交流的主要是与自己同类型职业或者同地位的群体，而认识这一群体的途径主要是通过已有业缘关系拓展，或者直接通过市场选择去建立业缘关系，及通过交换资源和商品往来建立，他们之间的关系取决于合作或者互惠，利益性较强，交换的信息及资源是公开的，并且在一定意义上是重复的。因此，他们需要正式公共平台，这一公共平台能够为外出租地失地农民提供链接业缘关系的机会，使其通过这一公共平台拓展其业缘关系网络，具体而言，即以政府为依托，设立相关外出租地失地农民的交流平台，让他们有机会认识及接近不同种植类型和生产规模的外出租地失地农民，将分散性的外出租地失地农民整合起来，达到整合资源的效果。

第四章　欠发达地区新型城镇化的行动机制及案例研究

一　欠发达地区政府购买社会服务实践改革

(一) 政策背景

近年来中国经济发展加快社会变迁和社区转型，带来新的社会需求和社会问题。在新型冠状病毒感染疫情重大公共卫生事件的冲击和影响下，国际社会重新审视经济发展和社会发展的关系，更加重视社会与经济的均衡发展。社区是构成社会的基础结构，社区工作是承接基本公共服务的重要平台。政府购买社会服务是推动政府职能转变，推进政社分开，加强社会建设与社会管理创新的重大改革举措。在政府、市场及社会三大主体中，我国的社会维度极为薄弱，要鼓励社会力量在保障和改善民生中承担责任，大力支持民间公益慈善和社会服务事业，将社会力量纳入社会政策规划中，提升社会组织的能力，使其在公益服务中能够发挥常规化作用（关信平，2019）。自2012年以来，中央及地方政府先后制定发布了一系列重大政策文件，加快推进政府向社会力量购买公共服务的改革举措，在政府驱动和引导下逐步放开市场准入，整合社会资源，形成改善公共服务的合力，推动社会工作专业的介入，实现传统社会服务的转型和增量，以降低公共服务的成本，有效解决公共服务产品短缺、质量和效率不高等问题。云南省结合自身实际，积极响应中央的改革举措，在《云南省县级以上政府向社会组织购买服务暂行办法》中明确指出：社区事务、养老助残、社会救助、法律援助、社工服务、社会福利、慈善救济、人民调解、社区矫正、安置帮教和宣传培训等领域适宜由社会组织承担的事项，通过政府向社会组织购买服务方式，逐步转由社会组织承担，并将向社会组织购买服务经费纳入同级财政预算。中央及地方的改革举措为加快发展公益创投提供了明确、重要的政策支持。

地方政府依据当地发展条件开始积极探索公益创投的实践策略，拓展为老服务、助残服务、青少年服务、扶贫济困等涉及民生的公益服务项目。公益创投（Venture Philanthropy）是一种新型的公益伙伴关系和慈善投资模式，资助方与受资助方不再是简单的捐赠关系，而是长期性和参与性的合作伙伴关系，通过带动合作伙伴的迅速成长，更有效率地实现既定的社会目标和双方的共赢。笔者于 2017 年担任昆明市 M 区民政局委托项目"社会组织培育建设"负责人、项目评估专家和 M 区社会组织服务中心理事，带领研究团队对 M 区的公益创投项目开展为期 4 年的实地研究，通过参与观察、访谈法、焦点小组收集研究资料。在全面梳理项目评估相关研究的基础上，结合 M 区公益创投项目的实施情况，构建程序逻辑评估模型，基于广泛式社区干预和集中式社区干预两大基本类型进行案例分析，系统呈现政府驱动社区公益创投地方实践的政策逻辑和发展路径。研究旨在通过对地方政府实践策略经验的引介，为推动中西部欠发达地区发展现代公益、探索社会建设和社区治理的现实路径带来启示。

（二）项目评估的相关研究

1. 项目评估的缘起及发展

项目评估始于 20 世纪 60 年代末，植根于以实证主义为基础的社会科学研究方法。基于循证的实践（Evidence-Based Practice，EBP）最早源于医学，被广泛应用到社会服务实践领域，EBP 模式为项目评估模型提供重要的理论框架，当时美国联邦政府向教育及公共服务项目注入资金，为社会项目评估的发展创造经济条件（罗伊斯等，2018）。近年来评估模型成为评估研究的重点，学者们提出"系统模型""CIPP 模型""程序逻辑模型"等，以应对不同国家和语境下社会服务项目及其所处环境的复杂性。

2. 评估模型研究及应用

"系统模型"用于帮助人们了解服务项目和服务系统是如何运行的，展现输入（input）、过程（process）、输出（output）和反馈（feedback）之间的循环体系及服务系统内部的运转模式（Martin，1993）。Steckler 等（2002）提出过程评估的七大焦点：接触范围（目标受众比例）、交付量（实际的干预比例）、接受量（接受者使用干预资源的比例）、精确性（干预程度与设计的一致性）、补充（流失的受益对象或被忽视的团体）、环境（影响干预的政治、经济和社会环境）和实施（测量方法）。"CIPP 模型"由斯塔弗尔比姆（Stufflebeam）提出，其将项目评估分为背景评估（context evaluation）、输入评估（input evaluation）、过程评估（process evaluation）和产出评估（product evaluation）四个部分，产出评估又可分化为影响、有效性、可持续性和可应用性评估四个阶段（Stufflebeam et al.，2000）。我国学者积极借鉴评估模型开展本土的社会服务实践研究，涉及灾后服务干预、流动人口的社区融入等服务领域（朱晨海、曾群，2009），评估公益项目的效率、质量和有效性。这些研究为推动社会服务项目的评估管理和政策研究带来重要的思考，但是，目前学界对社会服务领域的项目评估研究尚不充分，特别是缺乏对地方实践项目系统的、全面的案例分析。

二 社会治理项目评估模型应用

(一) 程序逻辑评估模型及其应用

本书借鉴"程序逻辑模型"的基本框架,结合本次项目评估研究的实际,提出"社区公益项目程序逻辑评估模型",如图1所示。"程序逻辑模型"强调项目的各个环节存在逻辑相关性,特别是项目投入、项目实施、项目最终成效之间的时间逻辑或因果关系,项目投入和项目实施优先于项目最终成效的发生。"程序逻辑模型"的元素包括处境分析、理论基础、资源投放、活动产出、服务成效、外在环境因素以及逻辑联系(McLaughlin and Jordan,1999),重视项目运行过程中不受项目设计者和实施者把控的外在因素。"程序逻辑模型"用于描述项目的输入、活动过程、产出及成效,直接呈现"假设过程如何实现最初的目标"(Herranz,2010)。该模型将服务成效细化为短期、中期以及长期多个连续的成效,其中,短期成效是与项目的输出最密切相关或由其"引起"的,而中期成效则是由短期成效的应用产生的,长期成效或项目影响是从中期成效的收益中产生的,由此体现出项目运行成效之间的逻辑关系。本书应用"程序逻辑模型"检视 M 区社区公益项目发展的外部宏观环境及内在现实环境,结合城镇化推动的社区转型背景界定不同人口群体的社区需求,分析社区面临的问

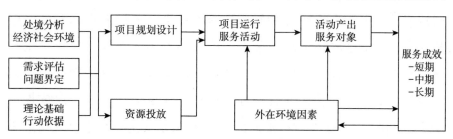

图 4-1 社区公益项目程序逻辑评估模型

题，系统评估 2018 年和 2019 年 M 区公益创投项目运行及成效。

（二）社区公益项目程序逻辑评估模型应用及案例分析

1. 社区公益项目的环境因素

（1）社区公益发展的外部宏观环境分析。随着城市化进程的加剧，经济迅速发展与社会建设滞后，公共服务需求增长与提供方式单一的结构性矛盾凸显。如何引入现代公益服务发展模式，回应社会建设和社区治理过程带来的社会需求，已成为当前社会政策研究与城市社会管理面临的重大挑战。"十三五"规划纲要指出要引导中西部中小城镇 1 亿人"就近城镇化"。《国家新型城镇化规划（2014—2020 年)》强调城镇化要进入以提升发展质量、以人的城镇化为核心的新阶段。新型城镇化旨在提升人的权利、能力及幸福感，以建立新型社区及新型社会管理为主要目标，促进城市与农村社区管理体系的融合，增强幸福感和公平感（Li et al., 2016a）。云南省自 2008 年启动 M 区新区建设，将高校和市级行政中心整体搬迁到新区，带来大规模的失地农民和农转居转型社区（翻牌社区），急剧的社会变迁带来新的社会需求和问题，然而截至 2017 年，M 区没有一家正式注册提供服务的社会组织，这种现状与正在迅速崛起的新城建设不相匹配，与社会发展实际需要远远脱节。如何发挥后发优势，补齐民生短板成为困扰当地政府部门的首要问题。

（2）社区转型背景下公益项目实施的社区环境。在城镇化和社区转型过程中，尽管经济补偿给失地农民带来各种实惠和利好，但长远来看，急剧的社区转型带来的消极影响不容忽视，可持续生计路径充满不确定性。集体心理调适、就业促进及社区治理相关的公益服务需求不断增长，但转型社区的社会建设薄弱、社会服务提供滞后。2008 年开始"一步城镇化"的 M 区是云南省城市化规模最为集中的典型区域。本研究基于课题组在 M 区开展的问卷调查、深度访谈和参与观察，并结合二手资料数据开展需求评估。研究发现失地农民的"离愁别绪"主要集中在"愁生计""愁养老""愁适应"方面，社区发展水平参差不齐，收入差距和社会分化加剧，人心散，抱怨多，社会风气浮躁。依靠土地和家庭的传统养老模式几乎崩溃，失能/半失能老人的生活照顾令人担忧。村民日渐远离鸟语花香，邻里关系中断，社会纽带削弱，社区参与不足，社区自治能力和社会基础结构受到前所未有的冲击与削弱（刘建娥等，2018）。评估研究发现社区需求聚焦于以下三个方面。第一，专业化社区服务。主要涉及失地农民就业培训，老年照顾服务（机构照顾、社区日间照顾中心），儿童发展服务（儿童之家、家长学校），A、B、C 社区外出租地失地农民及留守儿童服务等。第二，社区文化。主要包括市民素养的培养、少数民族社区民族文化融合、转型社区的社区融合。第三，绿色发展与社区环境。例如，世界花卉之都 D 社区，以及两湖（滇池和抚仙湖）相拥的 C 社区，这些社区拥有丰富的绿色生态资源和优美的自然环境，通过绿色发展策略促进社区经济发展、保护生态环境。

2. 社区公益项目的资源投放

公共资源包括资金性资源、非资金性资源，公益项目资源来自政府的调度（税收和专项收费）与民间的调度（社会集资、捐赠、志愿者服务等）。M 区公益项目的资金性资源由昆明市 M 区政府以购买服务的方式提供，非资金性资源由社会组织和高校研究机构提供。公益创投的出资方是区政府（组织、实施方：区民政局），受资助方是社会组织和社会企业。M 区在社会建设过程中积极践行转变政府职能，引入市场竞争机制，采取"补供方"的社会服务提供模式，孵化培育社会组织，探索政府主导的多元共治的社区治理格局。M 区政府 2018 年和 2019 年两年相继投入财政资金 129 万元、300 万元，共资助社区公益服务项目 35 个、社区社工站项目 13 个。

3. 社区公益项目运行与服务活动

为增强社会变迁过程中转型社区的社会功能，通过政府驱动在社区治理中引入公益项目，面向社区居民提供公共服务。2017 年 M 区民政局启动政府购买社会服务改革，与恩派公益组织发展中心（NPI）、云南大学社工系合作成立社区社会组织服务中心。2018 年正式策划全面推行"'呈'意十足'益'起同行"公益创投项目，2019 年面向全市推广。M 区社区公益创投经过需求评估、项目大赛前期宣传、项目初选、路演，组织咨询专家对通过项目初选进入路演的公益项目进行优化，最后入围通过评审的项目正式签约，按项目合约开始项目实施。本书以 M 区 2018 年和 2019 年两年开展的公益创投项目为评估研究的对象，并将其界定为两大基本类型：一是广泛式社区干预，是依托社区社工站开展的社区综合性服务；二是集中式社区干预，是指专业化社会组织针对特定群体开展的专项服务。表 4 - 1 和表 4 - 2 具体呈现两大类型的项目模块，并应用"程序逻辑评估模型"开展评估研究。

（1）广泛式社区干预。广泛式社区干预项目在传递社会服务过程中能够实现个体、组织和社区的多元获益。依托社区社工站，发展社区公益和综合性服务，旨在促进社区经济健康可持续发展，提升居民的市民素养，增强其环保意识，改善社区环境；带动社区参与，增进社区民主；提升社区教育，培育社区文化。社区环境与绿色发展不可能仅仅依靠技术来解决，而应该通过社区教育，使社区居民获得并认同绿色可持续发展知识、经验和信息，内化成日常生活习惯和行为方式，并形成更广泛的引导居民行为方式的社区共识；同时只有增强社区居民参与解决社区环境与资源问题的能动性，绿色可持续发展才能在家庭、社区层面得以实现（Kajner，2005）。如果缺乏社区的参与和支持，绿色发展如同"空中楼阁"，投资项目的资金与资源往往得不到充分的应用，甚至被浪费。社区活动满足居民多元化的休闲生活需求，传承民俗文化，培育互助、睦邻、健康、融入的积极社区精神。社区活动带动居民的社区参与，改善社会交往，构建积极的社会支持网络，不仅有利于失地农民的就业促进（Liu et al.，2018），互动、联系、包容及社会信任水平的提升还能够带来决策和管理中的一致与协同，降低社会建设成本，提升公共政策实施效能。

表4-1　广泛式社区干预项目评估案例

项目模块	输入	活动	输出
社区经济与社区环境	-2018年七步场社区举办民俗经济文化活动周、长街宴，筹建"青方豆腐博物馆" -社区环境：春融社工站、环保小屋（城管局）制作环保宣传册，走访入户80余家，宣传垃圾分类，发放易腐垃圾桶64个	-七步场500余桌社区长街豆腐宴，豆腐坊博物馆、一块豆腐讲述社区600年故事，《春城晚报》报道 -"绿色小桶到我家"公益活动 -走访并汇总社区商户资源库，组建彩云社区爱心商家联盟	-社区民俗经济直接创收20余万元，带动社区失地妇女就业 -传承民俗文化 -提升社区经济发展品质，增强环保绿色理念
社区民主与社区参与	-社区民主：凝聚社区居民、辖区代表、社区志愿者三方力量，搭建彩云社区居民议事协商委员会，协商社区公共议题 -协同12家商户参与活动 -社区参与：社工站、居委会协同高校青协等社团、红十字会、社区商户共同举办节庆活动	-"盛世华诞 我与祖国共同成长"国庆主题系列活动：国画亲子公益课堂、志愿者讲述建国/国旗/民族团结的历史故事、拼中国地图、制作国旗、手语表演《国家》 -洛龙社区"温情中秋会·心属洛龙湖"；彩云社区"艺聚千坊·彩云月圆"；猜灯谜、烤月饼 -吴家营社区"重阳孝亲敬老·邻里亲善"活动	-举办居民喜闻乐见的社区节庆活动和主题教育活动 -弘扬传统民俗文化，带动社区参与 -挖掘、链接社区资源，开展网络合作

项目模块	输入	活动	输出
社区教育与社区文化	-社区教育：明德社区服务中心、回回营社工站、壹乐园儿童服务站开展国际儿童照顾培训（ICDP）、亲职教育、困境儿童助养	方法：视频教学、情景剧表演、家长小组、儿童小组	-提升亲职能力和家庭能力 -回族和汉族儿童及家长互动、沟通、分享，促进民族融合

（2）集中式社区干预与项目评估。集中式社区干预由专业性组织针对特定群体、个案和家庭提供服务，充分应用社会工作的个案管理、小组工作（团体工作）、家庭治疗等实务方法开展项目，通过实务介入让服务对象（受助者）从中获得积极的改变，利用社区资源、发挥潜能，改变偏差认知和行为，实现知识、能力和社会资本的增长。表4-2介绍女童保护与儿童性健康服务、社区心理健康服务、社区老年照顾服务案例的项目输入、活动及取得的成效。①女童保护与儿童性健康服务项目结果取得中长期成效：促进家长、学校、社会关注儿童性健康和性保护问题；带动学校设立社工专职岗位，促进儿童保护和全面发展；构建儿童发展社会支持体系，带动省妇儿工委、教育部门的参与，为儿童赋权提供政策倡导。②社区心理健康服务项目结果与长期成效：回应社区转型带来的焦虑、浮躁的社区心理，增强社区居民心理健康意识，消除有病才需要心理帮助或一次见效的认知误区，减少对心理疾病和精神障碍患者的社会歧视，让专业化的心理咨询和临床诊疗走进社区，贴近居民的日常生活，融入国家"大健康"发展规划。③社区老年照顾服务项目的长期成效：调动政府、社会组织、市场、社区资源，依托社区探索"学—养—教"结合的社区养老模式；提升社区老年照顾服务的专业能力和服务品质，建立政府、社会（社区）、专业机构、社工提供养老服务的联动机制。

表 4 - 2　集中式社区干预项目评估案例

项目模块	输入	活动	输出
女童保护与儿童性健康服务	- 云大社工项目组开展小学高年级儿童性健康服务需求与问题评估（问卷共 180 个样本）、主题教育、小组活动、介入成效前测/后测评估 - 女童保护基金云南童享团队协同呈贡龙城等 6 个社工站开展女童保护公益活动	- 通过角色扮演、情境体验、头脑风暴、优点大轰炸等方法为小学高年级儿童开展主题教育和小组活动 7 次，35～45 人/次 - 受益对象：呈贡理想小学五、六年级学生 200 人 - 开展女童保护知识和法律宣传、社区、亲子、学校、社工培训 30 个大型活动和课程，制作发放儿童防性侵手册	- 高年级学生了解青春期第二性征，获得基本的性生理心理知识 - 获得性保护和性安全的常识，熟悉反性侵、儿童虐待相关法律常识，增强自我保护意识 - 初步建立性道德和性审美的价值
社区心理健康服务	云南省社会心理学会、云南师范大学心理健康教育咨询中心开展"毓和心语"项目社区心理健康服务	- 2 场志愿者团体培训 - 4 场心理知识宣传及咨询 - 4 场老年团体心理辅导 - 直接服务人数 160 人 - 受益对象：社区受心理疾病困扰的青少年、老人及家庭成员	- 应对心理困扰，提供抑郁、网瘾、焦虑、偏执、赌瘾等常见心理问题疏导与咨询服务 - 发展积极心理能力：抗逆力、沟通力、学习力
社区老年照顾服务	云大和昆明医科大社工项目组、中医大志愿者、吴家营和回回营社区老年协会开展以下介入： - 社区教育小组 - 长者康复照顾小组 - 社区敬老文化活动 - 老年太极俱乐部 - 老年大学系列服务	- 安全教育小组，如保健品传销/电信诈骗等、日常用电用气、居家防跌倒 - 用药安全与慢性病康复小组、智能手机使用与网上挂号 - "弘扬中医国粹 宣传健康生活"提供义诊、义剪、推拿、把脉志愿服务活动 - 受益对象：转型社区老人 463 人及其家庭、养老院老人 50 人	- 提供老人学习、参与、互动机会 - 增加老人社区教育资源 - 构建老人积极社会支持网络 - 促进老年照顾的专业化和制度化

三 欠发达地区社会治理案例分析

（一）社区公益项目成效评估

成效评估不仅涉及近期的、直接的项目结果，也包含项目给社区服务提供和治理体系带来的中长期影响，通过结果评估和影响评估反映社区公益创投项目的运行成效。

1. 结果评估

项目结果是活动和产出给服务对象带来的变化或获益，是项目成效最首要的评估内容。

（1）2019 年 M 区率先绘制云南省"社会工作资源地图"，构建社区社群服务网络。入驻社工组织 20 余家，培育社区自组织 40 余家，专职社工从业人员 100 余人，参与公益服务志愿者 1000 余人，初步形成以驻点专职社工为支点、社区社工站为中心、社会组织服务中心为依托、社会服务项目为支撑的社区服务提供体系。

（2）依据不同的社区类型建立社区社工站，打造多元化、适切的社区服务。截至 2019 年共资助社区社工站项目 13 个（2018 年 5 个，2019 年 8 个，资助 15 万元/个）。包括少数民族社区（回回营和谐民族社区工作站）、农转居转型社区（毓和社区居民互助工作站、七步场社区营造工作站）、城市社区社工站（涵盖商品房小区和昆明市政府公务员小区，洛龙湖社区融创综合服务站，彩云社区、春融社区的"党建引领多元共治"社工站）等。

（3）针对儿童、老人不同人口群体和社区需求开发社会服务项目，重点开发儿童发展型服务（"小小工程师"创客启蒙教育、"童心童行"儿童照顾者支持项目、0～3 岁儿童科学养育 VEM 项目等）、健康休闲类服务（"威特儿体适能健身中心免费健身"）、心理服务（云南省社会心理学会"毓和心语"项目）、社区文化与社区教育服务（社区普法微剧场项目、吴家营街道"文明礼仪我先行弘扬家风谱新篇"、彩云社区创享空间文化平台）、老年服务及综合性社区服务。

2. 影响评估

影响评估不同于结果评估，从时间维度看，项目影响是中长期的成效，特别是发展型、支持型的公益项目，例如，儿童的行为塑造、社区教育中的社区文化和市民素养的培育需要持续的介入干预过程，不可能一蹴而就；从内涵看，影响评估聚焦于案主所处系统的改变，项目实施所带来的社会效益及对决策的影响往往难以测算和量化，所以，影响评估增强社会服务项目评估的复杂性和特殊性。

（1）社会工作的问题解决系统包括发起者系统、支持系统、案主系统、行动系统、控制系统和靶标系统等八大系统（哈德凯瑟等，2008）。其中，发起者、支持者、受益者和控制者作为公益行动的核心系统，在本研究的公益创投项目中，发起者系统由驱动政府购买社会服务项目的 M 区区政府、民政局及承接项目的社会组织构成；支持系统涉及公益组织发展中心（恩派 NPI、M 区社会组织服务中心）、高校专业研究机构；受益系统包括社区居民及家庭（老人、儿童、青少年、失地妇女等）；控制系统是指社会组织业务主管单位、购买方和评估方，包括民政局、共青团、妇联、司法局等协同部门。民政部门在整个公益项目策划中扮演重要的多重角色，既是发起者和组织者，同时也处于作为购买方的控制系统中。

（2）M 区初步形成政府投入资源、社会组织承接的服务提供模式，率先在云南省实现社会服务的转型与增量，开创社区社会治理的新格局，极大提升 M 区社区社会发展水平，增强新型的城市社区特别是农转居转型社区的社会治理能力。2019 年，12 个社会服务项目落地 41 个社区，8 家社工站挂牌成立并开始运行，10 余家高校参与大学生公益创投，70 余家社会组织/社会企业参与公益项目大赛，打造以社区社工站、社区服务项目、小额资助类为主体的综合型社区公益组织发展体系。初步形成党委领导、政府负责、社会协同、公众参与的新型社会服务提供模式，实现公益服务的项目化、品牌化、专业化、常态化的工作机制。

（二）政策意义与讨论

政府驱动主导的现代社区公益项目是创新社会治理模式、推进新型城镇化建设的重要策略，正在改变着居民、社区、政府互动的关系，带动 M 区从传统农村社会发展为富有城市社区品质的、融入的现代社会。亟待大力发展具有较强专业服务能力的社区公益组织，依托社区公益组织建设素质优良、结构合理、规模适当的专业化的公益人才队伍，以提高社会管理服务水平。"社区发展不仅是原则，还是方法；不仅是方法，还是过程"①，项目评估则不仅仅强调干预的过程，更要重视社区干预时间界定范围内的改变结果，如果无效的干预一直持续，那么耗费公益资源的同时，案主会受到无法确定的打扰甚至伤害，最终降低公益和专业的积极社会影响。基于理论分析和案例评估，本研究得出以下三个方面的结论，和学界同人商榷讨论。

第一，积极拓展社区公益创投，构建政府驱动、多主体参与的网络共建的公益服务模式，提升公共服务的效能。社区既是居民从事小型便民商业活动、民俗经济的场所，同时也是生活居住、物质和文化消费的主要空间，社区成为时间与空间、生产与生活的凝聚点。社区公益项目不仅涉及社区居民喜闻乐见的普惠型、综合性服务，以及切实回应解决居民迫切需求和困难的兜底性服务，更要加

① "CEBSD Project on Promoting Participation in 2000"，http://www.cebsd.org/social.htm.

快发展为特殊群体提供的集中干预以及针对个别案主和家庭的专业化介入。地方实践旨在探索"党建引领、政府负责、专业助力、社会协同"的社区多元共治的新格局，以"需求评估针对性、问题聚焦迫切性、目标定位公益性、项目设计专业性、实施方案可行性"为项目评估基本原则，有效承接政府职能转移，链接统筹公共资源，培育社区社会纽带，加强社区社会组织能力建设和资本建设，重建社区治理和公共服务的社会基础结构，夯实社区基础服务，打通专业公益服务与社区居民最后一公里，培养社工专业人才和公益领军力量。

第二，加强社区公益创投的评估研究，规范公益组织预算管理，在地区财政预算紧、公共资源薄弱的条件下探索现代公益服务和社区治理现实路径。通过系统的方法评估社会工作者所提供的服务是帮助了服务对象，还是伤害了他们，抑或对他们毫无影响。基于循证的科学评估不仅是有效服务所必需的，而且也是专业道德所要求的；在任何条件下都会超过信念、断言以及典型案例；获得服务对象的反馈，聚焦于机构实务效能的评估，建立实务者与研究者的合作联盟，即使是小规模机构研究也具有重要的现实价值（Rosenberg and Brody，1974）。M区公益创投以点带面渐进式逐步推开，通过项目大赛采取"需求-服务"菜单式精准定制。2017年M区民政局启动政府购买社会服务改革，2018年正式策划在全区全面推行公益创投项目，2019年面向全市推广，3年时间实现社会组织从无到有，并逐步形成以政府购买为主导，以社区社工站、社区服务项目、小额资助类（大学生公益创投）为主体的综合型社区公益组织发展体系，构建民政部门主导、多部门共同参与的网络合作模式，整合碎片化、单一性、低水平的社会服务，建立高效的、可持续的、制度化公益服务管理机制。

第三，注重考察当地社区环境的细节和实际情况，谨慎应用

"评估模型""定位标准"等理论工具，避免"科学主义"泛化。如果评估标准存在模糊性和不确定性，必然会在一定程度上影响项目评估的精准性和有效性。M区在2018年、2019年的全面推动公益创投实践中，初步应用评估标准，逐步完善政府购买社会组织公益服务评估管理，有效避免"项目偏移"问题的出现。但是如何科学应用循证方法来践行评估的精准性，同时为公益服务实施保留一定的弹性空间，项目干预是改变人的专业化工作，公益活动是改变社区和社会的"慢活"，往往不能上手马上见效。公共服务的输出，特别是关乎人格化"产品"具有不可量化，或者短期内难以量化的特点，量化评估给公益组织带来无形压力和框架，甚至"过度科学化"会产生评估中构建数据和填表的形式主义，相关议题有待在项目评估管理实践和研究中进一步思考和讨论。

参考文献

安树伟、孙文迁，2019，《都市圈内中小城市功能及其提升策略》，《改革》第 5 期。

贝克，乌尔里希，2018，《风险社会：新的现代性之路》，张文杰、何博闻译，译林出版社。

邴正等，2018，《"转型与发展：中国社会建设四十年"笔谈》，《社会》第 6 期。

波兰尼，迈克尔，2017，《认知与存在》，李白鹤译，南京大学出版社。

伯特，罗纳德，2008，《结构洞：竞争的社会结构》，任敏等译，格致出版社。

曹子玮，2003，《农民工的再建构社会网与网内资源流向》，《社会学研究》第 3 期。

岑剑等，2018，《国内外城镇化发展模式对欠发达地区的启示》，《辽宁经济》第 11 期。

陈东琪，2017，《"十三五"时期经济社会发展总体思路研究》，人民出版社。

陈浩、陈雪春，2013，《城镇化进程中失地农民就业分化及特征分析——基于长三角 858 户调研数据》，《调研世界》第 7 期。

陈娟，2016，《青海湖环湖区草地生态破坏成因及法律对策》，《青藏高原论坛》第 3 期。

成得礼，2008，《对中国城中村发展问题的再思考——基于失地农民可持续生计的角度》，《城市发展研究》第 3 期。

程诚、边燕杰，2014，《社会资本与不平等的再生产 以农民工与城市职工的收入差距为例》，《社会》第 4 期。

程文亮，2020，《基于创新驱动的传统特色产业小城镇产业转型升级探析》，《商业经济研究》第 23 期。

崔裴、李慧丽，2012，《城市化与产业结构升级的两种模式》，《城市问题》第 6 期。

崔岩，2012，《流动人口心理层面的社会融入和身份认同问题研究》，《社会学研究》第 5 期。

邓大松、王曾，2012，《城市化进程中失地农民福利水平的调查》，《经济纵横》第 5 期。

邓悦等，2019，《家属随迁何以影响农民工城镇化融合?》《南京农业大学学报》（社会科学版）第 1 期。

丁琳琳等，2017，《新型城镇化背景下失地农民福利变化研究》，《中国人口·资源与环境》第 3 期。

丁士军等，2016，《被征地农户生计能力变化研究——基于可持续生计框架的改进》，《农业经济问题》第 6 期。

段成荣等，2017a，《21 世纪以来我国农村留守儿童变动趋势研究》，《中国青年研究》第 6 期。

段成荣等，2017b，《当前我国人口流动形势及其影响研究》，《山东社会科学》第 9 期。

范慧、彭华民，2020，《互嵌式社区治理：社会工作机构与市场共治逻辑——基于机构市场化服务项目的实证研究》，《安徽师范大学学报》（人文社会科学版）第 3 期。

方创琳、祁巍锋，2007，《紧凑城市理念与测度研究进展及思考》，《城市规划学刊》第 4 期。

高宝华，2017，《英、德城镇化发展经验及其对我国的启示》，《商业经济研究》第 15 期。

高春亮、李善同，2019，《迁移动机、人力资本与城市规模：中国新型城镇化模式之争》，《上海经济研究》第 11 期。

高进云等，2007，《农地城市流转前后农户福利变化的模糊评价——基于森的可行能力理论》，《管理世界》第 6 期。

高荣伟，2020，《新加坡模式："居者有其屋"》，《检察风云》第 20 期。

格兰诺维特，马克，2019，《社会与经济》，罗家德译，中信出版社。

顾宝昌，1992，《社会人口学视野》，商务印书馆。

关信平，2014，《中国流动人口问题的实质及相关政策分析》，《国家行政学院学报》第 5 期。

关信平，2019，《论我国新时代积极稳妥的社会政策方向》，《社会学研究》第 4 期。

国家卫生和计划生育委员会，2014，《中国家庭发展报告（2014）》，中国人口出版社。

国家卫生健康委员会，2018，《中国流动人口发展报告（2018）》，中国人口出版社。

国务院发展研究中心课题组，2010，《中国城镇化：前景、战略与政策》，中国发展出版社。

国务院发展研究中心课题组，2014，《中国新型城镇化：道路、模式和政策》，中国发展出版社。

哈德凯瑟，A. 戴维、帕翠霞·R. 鲍沃斯、斯坦利·温内科，2008，《社区工作理论与实务》（第二版），夏建中等译校，中国人民大学出版社。

哈尔，安东尼、詹姆斯·梅志里，2006，《发展型社会政策》，罗敏等译，社会科学文献出版社。

韩嘉玲、余家庆，2020，《离城不回乡与回流不返乡——新型城镇化背景下新生代农民工家庭的子女教育抉择》,《北京社会科学》第 6 期。

韩克庆、林欣蔚,2015,《城市化进程中的农民工住房保障问题研究》,《湘潭大学学报》(哲学社会科学版)第 3 期。

韩琦,1999,《拉丁美洲的城市发展和城市化问题》,《拉丁美洲研究》第 2 期。

韩庆峰,2020,《西部农村留守儿童教育问题及对策分析——基于社会治理理论视角》,《教育文化论坛》第 5 期。

何力,2015,《可持续生计分析框架下失地农民生计资本分析——基于贵州都匀的调查》,《江苏农业科学》第 8 期。

何明、周文,2019,《从单一走向多元:民族研究方法创新的构想》,《西北民族研究》第 4 期。

贺雪峰,2020,《从新冠肺炎疫情防控认识中国国情》,《社会发展研究》第 2 期。

赫茨勒,1963,《世界人口的危机》,何新译,商务印书馆。

赫希,沃纳,1990,《城市经济学》,刘世庆译,中国社会科学出版社。

洪岩璧,2017,《再分配与幸福感阶层差异的变迁(2005——2013)》,《社会》第 2 期。

怀默霆,2009,《中国民众如何看待当前的社会不平等》,《中国社会科学报》第 1 期。

黄锐、文军,2012,《从传统村落到新型都市共同体:转型社区的形成及其基本特质》,《学习与实践》第 4 期。

黄莺,2017,《我国北部省份欠发达地区新型城镇化建设探析——以河北省欠发达地区为例》,《华中农业大学学报》(社会科学版)第 4 期。

吉登斯,安东尼,2003,《社会学》(第 4 版),赵旭东等译,北京大学出版社。

吉登斯，安东尼，2016，《社会的构成——结构化理论纲要》，李康、李猛译，中国人民大学出版社。

贾辉，2017，《三维资本视角下失地农民非农就业扶助机制研究——基于对北京市大兴区的调研》，《经济社会体制比较》第 5 期。

贾玉娇，2020，《人民视角下中国养老保障制度质量检验与优化思路》，《华中科技大学学报》（社会科学版）第 4 期。

井世洁，2011，《转型期中国社会信任问题研究的路径选择——基于中西比较的视角》，《社会科学》第 7 期。

景再方等，2019，《时距效应视角下职业类型对流动人口定居意愿的影响》，《统计与信息论坛》第 4 期。

兰建平、苗文斌，2009，《嵌入性理论研究综述》，《技术经济》第 1 期。

李春玲，2007，《城乡移民与社会流动》，《江苏社会科学》第 2 期。

李国平等，2016，《新型城镇化发展中的农业转移人口市民化相关研究及其展望》，《人口与发展》第 3 期。

李汉林等，2010，《社会变迁过程中的结构紧张》，《中国社会科学》第 2 期。

李君甫，2018，《北京的住房变迁与住房政策》，《北京工业大学学报》（社会科学版）第 2 期。

李猛，2011，《低碳视角下中国城市化路径的思考》，《新视野》第 3 期。

李培林，2018，《中国改革开放 40 年农民工流动的治理经验》，转引自《"转型与发展：中国社会建设四十年"笔谈》，《社会》第 6 期。

李培林、陈光金、王春光，2019，《2020 年中国社会形势分析与预测》，社会科学文献出版社。

李培林、崔岩，2020，《我国 2008—2019 年间社会阶层结构的变化及其经济社会影响》，《江苏社会科学》第 4 期。

李培林、田丰，2012，《中国农民工社会融入的代际比较》，《社会》第 5 期。

李培林、李炜，2010，《近年来农民工的经济状况和社会态度》，《中国社会科学》第 1 期。

李强，2018，《改革开放 40 年中国社会分层结构之变迁》，转引自《"转型与发展：中国社会建设四十年"笔谈》，《社会》第 6 期。

李强等，2015，《就近城镇化与就地城镇化》，《广东社会科学》第 1 期。

李强、薛澜，2013，《中国特色新型城镇化发展战略研究》（第四卷），中国建筑工业出版社。

李圣军，2013，《城镇化模式的国际比较及其对应发展阶段》，《改革》第 3 期。

李友梅，2008，《从财富分配到风险分配：中国社会结构重组的一种新路径》，《社会》第 6 期。

梁波、王海英，2010，《国外移民社会融入研究综述》，《甘肃行政学院学报》第 2 期。

梁韵妍，2016，《广东省城镇化进程中失地农民收入问题研究——基于广东省佛山、韶关等 6 市的调研》，《中国农业资源与区划》第 8 期。

林闽钢，2020，《走向社会服务国家：全球视野与中国改革》，中国社会科学出版社。

林南，2020，《社会资本：关于社会结构与行动的理论》，张磊译，社会科学文献出版社。

林赛男等，2019，《共生理论视域下都市现代农业发展策略研究——

以成都市为例》，《中国西部》第 5 期。

刘保、肖峰，2006，《网络社会的二元维度分析》，《东北大学学报》
（社会科学版）第 4 期。

刘刚、张昕蔚，2019，《欠发达地区数字经济发展的动力和机制研
究——以贵州省数字经济发展为例》，《经济纵横》第 6 期。

刘桂文，2010，《主体功能区视角下的县域城镇化发展路径探析》，
《热带地理》第 2 期。

刘建娥，2017，《乡-城移民社会融入的分化、评估及政策路径——
基于 4 个城市抽样调查数据分析》，《思想战线》第 4 期。

刘建娥等，2018，《转型社区居民的离愁别绪：社会资本视角下生活
满意度研究》，《人口与发展》第 3 期。

刘军，2015，《新型城镇化背景下西北小城镇发展的政策反思——以
甘肃省为例》，《甘肃社会科学》第 3 期。

刘林平，2001，《外来人群体中的关系运用——以深圳"平江村"
为个案》，《中国社会科学》第 5 期。

刘少杰，2010，《陌生关系熟悉化的市场意义——关于培育市场交易
秩序的本土化探索》，《天津社会科学》第 4 期。

刘守英、王宝锦，2020，《中国小农的特征与演变》，《社会科学战
线》第 1 期。

刘毅、卢小君、田小芳，2015，《城镇化进程中农村被动移民的可持
续生计分析——基于山西忻州市刘家塔镇的调查与思考》，《农
村经济》第 4 期。

柳建坤、张云亮，2020，《方言能力与流动儿童的学业表现 来自中
国教育追踪调查的证据》，《社会》第 5 期。

陆伟芳，2017，《1851 年以来英国的乡村城市化初探——以小城镇
为视角》，《社会科学》第 4 期。

罗伊斯，戴维、布鲁斯·A. 赛义、德博拉·K. 帕吉特，2018，《项

目评估：循证方法导论》（第六版），王海霞、王海洁译，中国人民大学出版社。

吕萍等，2008，《土地城市化及其度量指标体系的构建与应用》，《中国土地科学》第 8 期。

马戎，1989，《人口迁移的主要原因和实现迁移的条件——内蒙古赤峰迁移调查》，《中国人口科学》第 2 期。

马远，2011，《新疆特色城镇化路径研究》，博士学位论文，石河子大学。

毛丹，2010，《村落共同体的当代命运：四个观察维度》，《社会学研究》第 1 期。

穆光宗、江砥，2017，《流动人口的社会融合：含义、测量和路径》，《江淮论坛》第 4 期。

倪鹏飞，2013，《新型城镇化的基本模式、具体路径与推进对策》，《江海学刊》第 1 期。

庞圣民、吕青，2019，《家庭流动与居留意愿：基于江苏省 2018 年流动人口动态监测调查》，《江苏社会科学》第 3 期。

彭开丽、朱海莲，2015，《农地城市流转对不同年龄阶段失地农民的福利影响研究》，《中国土地科学》第 1 期。

彭泗清，1999，《信任的建立机制：关系运作与法制手段》，《社会学研究》第 2 期。

乔晓春，2017，《中国社会科学离科学还有多远？》，北京大学出版社。

任远，2016，《城镇化的升级和新型城镇化》，《城市规划学刊》第 2 期。

任远、乔楠，2010，《城市流动人口社会融合的过程、测量及影响因素》，《人口研究》第 2 期。

任运昌，2017，《农村留守儿童教育问题的当前态势、应对模式与缓

解策略——基于 13 年跟踪研究的判断与建议》,《广西师范大学
学报》(哲学社会科学版)第 6 期。

芮正云、方聪龙,《新生代农民工创业韧性的影响机理研究——基于
创业资本维度的作用差异视角》,《社会科学》第 5 期。

森,阿马蒂亚,2002,《以自由看待发展》,任赜、于真译,中国人
民大学出版社。

森,阿马蒂亚,2013,《以自由看待发展》,任赜、于真译,中国人
民大学出版社。

石智雷、杨云彦,2012,《家庭禀赋、家庭决策与农村迁移劳动力回
流》,《社会学研究》第 3 期。

苏国勋,2002,《社会学与社会建构论》,《国外社会科学》第 1 期。

汤兆云,2016,《农民工社会融合的代际比较——基于 2013 年流动
人口动态监测调查数据的分析》,《社会科学家》第 9 期。

唐余宽,2017,《欠发达地区新型城镇化发展:障碍与出路》,经济
科学出版社。

特纳,H. 乔纳森,2006,《社会学理论的结构》(第 7 版),邱泽
奇、张茂元等译,华夏出版社。

汪润泉、刘一伟,2017,《住房公积金能够留住进城流动人口吗?——
基于户籍差异视角的比较分析》,《人口与经济》第 1 期。

汪险生等,2019,《土地征收对农户就业及福利的影响——基于
CHIP 数据的实证分析》,《公共管理学报》第 1 期。

汪险生、郭忠兴,2017,《被征地农民的收入下降了吗——来自 CF-
PS 数据的证据》,《农业技术经济》第 6 期。

王超,2013,《城镇化战略转型:系统关系视角下的新型城镇化路径
选择》,《前沿》第 11 期。

王春光,2017,《移民空间的建构:巴黎温州人跟踪研究》,社会科
学文献出版社。

王枫云等，2018，《非洲国家的非均衡型城市化：特征、弊端及其反思》，《城市观察》第 1 期。

王凯等，2019，《城乡融合视域下转型社区公共服务居民满意度实证研究》，《燕山大学学报》（哲学社会科学版）第 4 期。

王珊等，2014，《农地城市流转的农户福利效应测度》，《中国人口·资源与环境》第 3 期。

王晓刚，2015，《失地农民就业质量评价——以郑州市为例》，《城市问题》第 7 期。

王晓宁等，2018，《北京市新型城镇化试点中集体土地利用模式探索》，《住宅与房地产》第 2 期。

王延中、宁亚芳，2018，《新时代民族地区决胜全面小康社会的进展、问题及对策——基于 2013～2016 年民族地区经济社会发展问卷调查的分析》，《管理世界》第 1 期。

王轶、王琦，2016，《新常态背景下特大城市失地农民的就业问题研究——基于人力资本的视角》，《当代财经》第 5 期。

王玥等，2020，《城镇化异质路径下失地农户家庭发展能力评价与比较——基于湖北省 402 份农户问卷调查》，《农村经济》第 1 期。

王运彩，2020，《贫困地区留守儿童心理危机咋干预》，《人民论坛》第 8 期。

王泽龙，2016，《公平教育视角下的农民子女义务教育问题》，《武汉大学学报》（人文科学版）第 2 期。

王增军等，2019，《石家庄：以试点为契机 推进新型城镇化高质量发展》，《城乡建设》第 19 期。

王振华等，2017，《行业特征与农民工收入——基于多层线性模型的经验分析》，《调研世界》第 8 期。

王振坡等，2017，《我国城市住房政策的思路转变：构建可负担住房发展框架》，《学习与实践》第 7 期。

王志理等，2019，《2011－2017 年中国流动人口避孕模式变化分析》，《人口学刊》第 5 期。

王子成、郭沐蓉，2020，《住房实现模式对流动人口市民化的影响效应分析：城市融入视角》，《经济社会体制比较》第 2 期。

魏后凯、芦千文，2020，《新冠肺炎疫情对"三农"的影响及对策研究》，《经济纵横》第 5 期。

魏军锋，2020，《疫情下留守儿童社会联结与情绪健康的关系：希望的中介作用》，《中国特殊教育》第 10 期。

魏万青，2016，《自选择、职业发展与农民工同乡聚集的收入效应研究》，《社会学研究》第 5 期。

魏冶等，2013，《21 世纪以来中国城镇化动力机制分析》，《地理研究》第 9 期。

温铁军，2020，《乡村振兴向袁家村学习什么》，《中国农村发现》第 1 期。

温兴祥、郑子媛，2019，《城市医疗保险对农民工家庭消费的影响——基于 CFPS 微观数据的实证研究》，《消费经济》第 6 期。

温忠麟等，2004，《中介效应检验程序及其应用》，《心理学报》第 5 期。

温忠麟、叶宝娟，2014，《中介效应分析：方法和模型发展》，《心理科学进展》第 5 期。

文乐等，2019，《商业医疗保险能提高农民工消费吗——基于流动人口动态监测数据的实证分析》，《保险研究》第 5 期。

吴丹，2019，《转型社区的空间重构与治理变革——基于深圳三种模式的比较研究》，《深圳大学学报》（人文社会科学版）第 2 期。

吴菲、王俊秀，2017，《相对收入与主观幸福感：检验农民工的多重参照群体》，《社会》第 2 期。

吴建、夏卫生，2017，《城乡结合部被征地农民生活水平分析——以长沙市坪塘镇为例》，《湖南师范大学自然科学学报》第 1 期。

吴婧，2017，《失地农民的再就业困境及就业率提升的路径探索》，
《江苏社会科学》第 3 期。

吴琦等，2015，《农民工市民化的红利效应与中国经济增长的可持续
性——基于动态 CGE 的模拟分析》，《财经研究》第 4 期。

吴业苗，2010，《居村农民市民化：何以可能？——基于城乡一体化
进路的理论与实证分析》，《社会科学》第 7 期。

武岩、胡必亮，2014，《社会资本与中国农民工收入差距》，《中国
人口科学》第 6 期。

向建、吴江，2013，《城乡统筹视阈下重庆新型城镇化的路径选择》，
《现代城市研究》第 7 期。

肖子华，2018，《中国城市流动人口社会融合评估报告 No.1》，社会
科学文献出版社。

肖子华、徐水源、刘金伟，2019，《中国城市流动人口社会融合评
估——以 50 个主要人口流入地城市为对象》，《人口研究》第
5 期。

谢赛玲，2015，《城镇化进程中失地农民就业问题探讨》，《台湾农
业探索》第 1 期。

谢勇，2010，《土地征用、就业冲击与就业分化——基于江苏省南京
市失地农民的实证研究》，《中国人口科学》第 2 期。

谢永飞等，2013，《离土不离乡农民工的基本状况研究——基于 2010
年全国人口普查数据的分析》，《南方人口》第 3 期。

辛宝英，2020，《城乡融合的新型城镇化战略：实现路径与推进策
略》，《山东社会科学》第 5 期。

徐延辉，2017，《外来人口的社会融入与其主观生活质量》，《社会
科学辑刊》第 4 期。

许成安，2002，《城市化发展与我国户籍制度改革》，《唯实》第 4 期。

荀丽丽、包智明，2007，《政府动员型环境政策及其地方实践——关于内蒙古 S 旗生态移民的社会学分析》，《中国社会科学》第 5 期。

亚里士多德，2006，《政治学》（节选本），吴寿彭译，商务印书馆。

闫伯汉，2014，《基于不同视角的中国农村留守儿童研究述评》，《学术论坛》第 9 期。

阳程文、侯保疆，2020，《城乡居民养老保险一体化的实践探索——对广东经验的总结与反思》，《新视野》第 6 期。

杨传开，2019，《县域就地城镇化基础与路径研究》，《华东师范大学学报》（哲学社会科学版）第 4 期。

杨传开等，2017，《中国农民进城定居的意愿与影响因素——基于 CGSS 2010 的分析》，《地理研究》第 12 期。

杨菊华，2015，《中国流动人口的社会融入研究》，《中国社会科学》第 2 期。

杨菊华、何炤华，2014，《社会转型过程中家庭的变迁与延续》，《人口研究》第 2 期。

杨菊华、陈传波，2013，《流动家庭的现状与特征分析》，《人口学刊》第 5 期。

杨琨、刘鹏飞，2020，《欠发达地区史地农民可持续生计影响因素分析——以兰州安宁区为例》，《水土保持研究》第 4 期。

杨荣，2016，《云南民族互嵌研究》，人民出版社。

杨重光、刘维新，1986，《社会主义城市经济学》，中国财政经济出版社。

姚嘉等，2016，《父母照料缺失对留守儿童教育发展影响的实证分析》，《教育发展研究》第 8 期。

姚姿臣，2018，《区域经济发展方式转变进程评价及路径探索——基于长江经济带 11 省 2003—2015 年的经验数据》，《经济地理》

第 3 期。

叶阿忠、李子奈，2002，《非参数计量经济联立模型的局部线性工具
变量估计》，《清华大学学报》（自然科学版）第 6 期。

叶炜、肖璐，2018，《90 后农民工城市工作生活状态及其定居意愿
分析》，《调研世界》第 3 期。

叶裕民，2001，《中国城市化的制度障碍与制度创新》，《中国人民
大学学报》第 5 期。

于潇、陈世坤，2019，《教育会扩大流动人口收入差距吗?》，《教育
与经济》第 5 期。

于潇、孙悦，2017，《逆全球化对亚太经济一体化的冲击与中国方
案》，《南开学报》（哲学社会科学版）第 6 期。

余达锦，2015，《欠发达地区城镇化发展质量测度研究》，《当代财
经》第 12 期。

俞林等，2016，《新型城镇化进程中新生代农民工职业转换能力驱动
因素》，《人口与经济》第 6 期。

俞楠，2019，《转型社会城市社区服务合作供给模式的现实思考——
以"社会信任"为考察视角》，《华东理工大学学报》（社会科
学版）第 1 期。

郁建兴、金蕾，2012，《社区社会组织在社会管理中的协同作用——
以杭州市为例》，《经济社会体制比较》第 4 期。

袁方、蔡银莺，2012，《城市近郊被征地农民的福利变化测度——以
武汉市江夏区五里界镇为实证》，《资源科学》第 3 期。

袁方成、邓涛，2018，《从期待到实践：社区社会组织的角色逻
辑——一个"结构—过程"的情境分析框架》，《河南大学
学报》（社会科学版）第 4 期。

袁年兴、许宪隆，2016，《长三角地区穆斯林流动人口社会融入研
究——基于结构方程模型的分析》，《中国人口科学》第 2 期。

翟振武等，2011，《建立"多维统筹"流动人口服务管理新机制》，《人口与计划生育》第 3 期。

翟振武等，2015，《社区服务与人口流动：基于京津冀协同发展视角的考察》，《西北人口》第 6 期。

翟振武等，2019，《中国流动人口走向何方?》，《人口研究》第 2 期。

詹岚等，2019，《社区参与下的闽东乡村旅游生态化转型升级研究》，《云南农业大学学报》（社会科学）第 4 期。

湛东升等，2017，《中国流动人口的城市宜居性感知及其对定居意愿的影响》，《地理科学进展》第 10 期。

张爱萍，2017，《关于山西省贫困地区农村教育发展问题的思考》，《教育理论与实践》第 1 期。

张贝贝、刘云刚，2017，《"卧城"的困境、转型与出路：日本多摩新城的案例研究》，《国际城市规划》第 1 期。

张建昌，2002，《对呈贡农户"租地现象"的思考》，《云南农村经济》第 4 期。

张启春、冀红梅，2017，《农业转移人口城市定居意愿实证研究与市民化推进策略——基于 2015 年武汉城市圈农业转移人口动态监测数据的分析》，《华中师范大学学报》（人文社会科学版）第 4 期。

张理茜、蔡建明，2010，《生态环境脆弱地区城市化发展特征及城市发展路径选择流程研究》，《生态环境学报》第 11 期。

张庆武、卢晖临、李雪红，2015，《流动人口二代社会融入状况的实证研究——基于北京市的问卷调查分析》，《中国青年研究》第 7 期。

张少春，2017，《互嵌式社区的多层面向及其扩展》，《中央民族大学学报》（哲学社会科学版）第 4 期。

张文宏、雷开春，2008，《城市新移民社会融合的结构、现状与影响因素分析》,《社会学研究》第 5 期。

张文宏、于宜民,2020,《社会网络、社会地位、社会信任对居民心理健康的影响》,《福建师范大学学报》(哲学社会科学版)第 2 期。

张新洁、黄少安,2017,《城市化进程中失地农民摩擦性失业问题研究》,《中国高校社会科学》第 3 期。

张秀兰、徐月宾、梅志里,2007,《中国发展型社会政策论纲》,中国劳动社会保障出版社。

张岩,2012,《区域一体化背景下的长江三角洲地区城镇化发展机制与路径研究》,博士学位论文,华东师范大学。

张翼,2011,《农民工"进城落户"意愿与中国近期城镇化道路的选择》,《中国人口科学》第 2 期。

张云鹏,2005,《试论吉登斯结构化理论》,《社会科学战线》第 4 期。

赵树凯,2018,《农民的新命》(修订版),商务印书馆。

郑德高等,2013,《分层城镇化和分区城镇化:模式、动力与发展策略》,《城市规划学刊》第 6 期。

郑功成,2020,《"十四五"时期中国医疗保障制度的发展思路与重点任务》,《中国人民大学学报》第 5 期。

郑思齐等,2011,《农民工住房政策与经济增长》,《经济研究》第 2 期。

郑拓,2020,《我国农民工养老实然困境分析与应然路径突破》,《政治经济学评论》第 5 期。

郑悦、罗静,2017,《县域新型城镇化的湖北实施与创新——基于仙桃、宜都的综合试点研究》,《上海城市规划》第 5 期。

智冬晓、许晓娟,2016,《生育率结构性变化与新生人口激增——基于北京的 APC 模型实证研究》,《统计研究》第 3 期。

周爱民，2019，《当前我国养老保障制度改革的现状、面临的挑战及其对策探讨》，《湖南社会科学》第 6 期。

周冲、吴玲，2014，《城乡统筹背景下中国经济欠发达地区新型城镇化路径研究》，《当代世界与社会主义》第 1 期。

周飞舟等，2018，《从工业城镇化、土地城镇化到人口城镇化：中国特色城镇化道路的社会学考察》，《社会发展研究》第 1 期。

周坚、何敏，2020，《社会医疗保险会影响老年流动人口的社会融入吗?》，《四川师范大学学报》（社会科学版）第 5 期。

周建华、张丽芳，2020，《自雇佣是否促进农民工城市融合——基于2013 年全国流动人口动态监测调查数据》，《世界农业》第 4 期。

周天勇，2019，《从经济学视角理解人类命运共同体》，《金融博览》第 7 期。

周祥胜等，2012，《城镇化发展的"差异化"路径研究——以广东省为例》，《城市发展研究》第 8 期。

周彦珍、李杨，2013，《英国、法国、德国城镇化发展模式》，《世界农业》第 12 期。

周腰华，2016，《中国县域经济增长差异分析》，《农业经济》第 6 期。

周义等，2014，《城乡交错区被征地农户的福利变迁研究》，《中国人口·资源与环境》第 6 期。

朱斌、王元超，2019，《流动的红利：儿童流动状况与学业成就研究》，《人口与发展》第 6 期。

朱晨海、曾群，2009，《结果导向的社会工作评估指标体系建构研究——以都江堰市城北馨居灾后重建服务为例》，《西北师大学报》（社会科学版）第 3 期。

朱红根等，2010，《劳动力输出大省农民工返乡创业意愿影响因素的实证分析——基于江西省1145 个返乡农民工的调查数据》，《中国农村观察》第 5 期。

朱明宝、杨云彦，2017，《近年来农民工的就业结构及其变化趋势》，《人口研究》第 5 期。

朱启臻、胡方萌，2016，《新型职业农民生成环境的几个问题》，《中国农村经济》第 10 期。

朱晓青等，2020，《腾笼换鸟：城乡融合下都市依附型社区的未来转型与可持续更新路径——以杭州市周边为例》，《建筑与文化》第 11 期。

朱亚鹏，2019，《住房政策与治理》，《广东社会科学》第 1 期。

朱哲，2019，《上海市城乡结合部"转型社区"的社区治理结构研究》，《经济研究导刊》第 5 期。

朱智，2019，《台湾乡村社区营造对湖州乡村旅游转型升级的启示》，《湖北农业科学》第 12 期。

诸亦成、蒋曙东，2020，《新型城镇化标准化建设的实践与思考——以龙港镇创建国家级新型城镇化标准化试点为例》，《中国标准化》第 8 期。

祝仲坤，2018，《公众满意度视角下中国住房保障政策评价》，《人口与发展》第 1 期。

祝仲坤、冷晨昕，2020，《自雇行为如何影响农民工的市民化状态——来自中国流动人口动态监测调查的经验证据》，《南开经济研究》第 5 期。

宗苏秋、汤淑红，2019，《精准扶贫视野下农村留守儿童教育问题研究》，《教学与管理》第 24 期。

Abella, Alberto et al. 2017. "A Model for the Analysis of Data-Driven Innovation and Value Generation in Smart Cities' Ecosystems." *Cities* 64.

Alcock, P. 2006. "Social Security and Welfare: Concepts and Comparisons. " *Health and Social Care in The Community* 14 (2).

Amit, K. and I. Riss. 2014. "The Subjective Well-being of Immigrants: Pre-and Post-migration. " *Social Indicator Research* 119 (1).

Atkinson, T. 2002. "Social Inclusion and the European Union. " *Journal of Common Market Studies* 40 (4).

Baffoe, G. 2018. "An Empirical Assessment of Rural Livelihood Assets from Gender Perspective: Evidence from Ghana. " *Sustainability Science* 13 (3).

Bao, Haijun et al. 2018. "Investigating Social Welfare Change in Urban Village Transformation: A Rural Migrant Perspective. " *Social Indicators Research* 139 (2).

Berger, Peter L. 1999. *A Future South Africa: Visions, Strategies, and Realities.* London: Routledge.

Brockmann, H. et al. 2009. "The China Puzzle: Falling Happiness in a Rising Economy. " *Journal of Happiness Studies* 10 (4).

Buggy, Lisa and Karen Elizabeth McNamara. "The Need to Reinterpret 'Community' for Climate Change Adaptation: A Case Study of Pele Island, Vanuatu. " *Climate and Development* 8 (3).

Burchardt, T. 2001. "Social Exclusion. " *Political Studies* 49 (2).

Burdett, Kenneth. 1978. "A Theory of Employee Job Search and Quit Rates. " *The American Economic Review* 68 (1).

Chen, Shaowei and Zhilin Liu. 2016. "What Determines the Settlement Intention of Rural Migrants in China? Economic Incentives Versus Sociocultural Conditions. " *Habitat International* 58.

Cuadrado-Ciuraneta, Sergi et al. 2017. "Not only Tourism: Unravelling Suburbanization, Second-Home Expansion and 'Rural' Sprawl in Catalonia, Spain. " *Urban Geography* 38 (1).

Department for International Development （DFID）. 1999. *Sustainable Livelihoods Guidance Sheets*. London： Department for International Development （DFID）.

Diener, E. et al. 1985. "The satisfaction with Life Scale." *Journal of Personality Assessment* 49 （1）.

Diener, E. 1984. "Subjective Well-being." *Psychological Bulletin* 95 （3）.

Easterlin, Richard A. et al. 2012. "China's Life Satisfaction, 1990 - 2010." *Proceedings of the National Academy of Sciences of the United States of America* 109 （25）.

Fan, C. Cindy and Tianjiao Li. 2020. "Split Households, Family Migration and Urban Settlement: Findings from China's 2015 National Floating Population Survey." *Social Inclusion* 8 （1）.

Friedmann, John and John Miller. 1965. "The Urban Field." *Journal of the American Institute of Planners* 31 （4）.

Furstenberg, F. F. and M. E. Hughes. 1995. "Social Capital and Successful Development among At-risk Youth." *Journal of Marriage and the Family* 57 （3）.

Giambona, F. and Vassallo, E. 2014. "Composite Indicator of Social Inclusion for European Countries." *Social Indicators Research* 116 （1）.

Gu, B. C. 2014. "Internal Migration Dominates Population Dynamics In China." *Asian Population Studies* 10 （1）.

Hamama, L. and Yael Arazi. 2012. "Aggressive Behaviour in At-risk Children Contribution of Subjective Well-being and Family Cohesion." *China and Family Social Work* 17 （3）.

Harris, Chauncy D. and Edward L. Ullman. 1945. "The Nature of Cities." *The Annals of the American Academy of Political and Social*

Science 242 (1).

Henderson, A. B. 2005. "To Build Our Lives Together: Community Formation in Black Atlanta, 1875 – 1906. " *Journal of American Ethnic History* 24 (4).

Herold, Martin et al. 2003. "The Spatiotemporal Form of Urban Growth: Measurement, Analysis and Modeling. " *Remote Sensing of Environment* 86 (3).

Herranz, Jr Joaquín. 2010. "The Logic Model as a Tool for Developing a Network Performance Measurement System. " *Public Performance and Management Review* 34 (1).

Howell, Anthony. 2017. "Impacts of Migration and Remittances on Ethnic Income Inequality in Rural China. " *World Development* 94.

Hoyt, Homer. 1939. *The Structure and Growth of Residential Neighborhoods in American Cities.* US Government Printing Office.

Huang, Xu et al. 2017. "Social Networks of Rural-Urban Migrants after Residential Relocation: Evidence from Yangzhou, a Medium-Sized Chinese City. " *Housing Studies* 32 (6).

Hu, Bi Ying et al. 2020. "Parent Migration and Rural Preschool Children's Early Academic and Social Skill Trajectories in China: Are 'Left-behind' Children Really Left Behind? . " *Early Childhood Research Quarterly* 51.

Imani Giglou, R. et al. 2019. "Determinants of Degree of Integration of Turkish Diaspora in Belgium, the Netherlands, and Germany. " *International Communication Gazette* 81 (3).

Jia, Zhou et al. 2018. "Subjective Well-Being and Family Functioning among Adolescents Left Behind by Migrating Parents in Jiangxi Province, China. " *Biomedical and Environmental Sciences* 31 (5).

Kajner, Peter. 2005. "All Is One: Healthy Communities and a Sustainable Future." *Community Development Journal* 40 (4).

Lei, Lianlian et al. 2018. "Labour Migration and Health of Left-Behind Children in China." *The Journal of Development Studies* 54 (1).

Lewis, W. A. 1954. "Economic Development with Unlimited Supplies of Labour." *The Manchester School of Economic and Social Studies* 22 (2).

Liang, Dekuo and Dawei Xu. 2020. "Health-Related Quality of Life in Chinese Rural-to-Urban Migrants: Investigating the Roles of Working Conditions and Job Satisfaction." *Journal of Community Psychology* 48 (8).

Liang, Dekuo et al. 2020. "Acculturative Stress and Life Satisfaction of Chinese Rural-to-Urban Migrants." *Social Behavior and Personality: An International Journal* 48 (11).

Liang, ying and D. Zhu. 2015. "Subjective Well-being of Chinese Landless Peasants in Relatively Developed Regions: Measurement Using PANAS and SWLS." *Social Indicator Research* 123 (3).

Liang, ying and peigang Wang. 2014. "Influence of Prudential Value on the Subjective Well-being of Chinese Urban-Rural Residents." *Social Indicator Research* 118 (3).

Li, Bingqin et al. 2016a. "Governing Urbanization and the New Urbanization Plan in China." *Environment and Urbanization* 28 (2).

Li, Jie et al. 2016b. "Urban or Village Residents? A Case Study of the Spontaneous Space Transformation of the Forced Upstairs Farmers' Community in Beijing." *Habitat International* 56.

Lin, Sainan and Yinxuan Huang. 2018. "Community Environmental Satisfaction: Its Forms and Impact on Migrants' Happiness in Urban

China. " *Health and Quality of Life Outcomes* 16 (1).

Liu, Cathy Yang et al. 2019. "Migrant Entrepreneurship in China: Entrepreneurial Transition and Firm Performance. " *Small Business Economics* 52 (3).

Liu, Jian' E. et al. 2018. "Personal Networks and Employment: A Study on Landless Farmers in Yunnan Province of China. " *Asia Pacific Journal of Social Work and Development* 28 (2).

Liu Q. and H. M. Pan. 2020. "Investigation on Life Satisfaction of Rural-to-Urban Migrant Workers in China: A Moderated Mediation Model. " *International Journal of Environmental Research and Public Health* 17 (7).

Lu, Shuang et al. 2016. "Well-being of Migrant and Left-Behind Children in China: Education, Health, Parenting, and Personal Values. " *International Journal of Social Welfare* 25 (1).

Martin, Lawrence L. 1993. "Total Quality Management: The New Managerial Wave. " *Administration in Social Work* 17 (2).

Ma, Shuang and Ren Mu. 2020. "Forced off the Farm? Farmers' Labor Allocation Response to Land Requisition in China. " *World Development* 132.

Massey, Douglas S. et al. 1993. "Theories of International Migration: A Review and Appraisal. " *Population and Development Review* 19 (3).

McLaughlin, John A. and Gretchen B. Jordan. 1999. "Logic Models: A Tool for Telling Your Programs Performance Story. " *Evaluation and Program Planning* 22 (1).

Parcel, T. L. and E. G. Menaghan. 1994. "Early Parental Work, Family Social Capital, and Early Childhood Outcomes. " *American Journal of Sociology* 99 (4).

Portes, A. 1998. "Social Capital: Its Origins and Applications in Modern Sociology." *Annual Review of Sociology* 24 (1).

Ravenstein, E. G. 1889. "The Laws of Migration." *Journal of the royal Statistical Society* 52 (2).

Rosenberg, Marvin L. and Ralph Brody. 1974. "The Threat or Challenge of Accountability." *Social Work* 19 (3).

Sampson, Y. et al. 2017. "Smallholder Farmers' Livelihood Security Options amidst Climate Variability and Change in Rural Ghana." *Scientifica* 17.

Scott, A. J. 2001. *Global City-Regions: Trends, Theory, Policy*. Oxford: Oxford University Press.

Sheng, Yinan and Menghan Zhao. 2021. "Regulations in the Era of New-Type Urbanisation and Migrant Workers' Settlement Intentions: The Case of Beijing." *Population, Space and Place* 27 (3).

Stark, Oded and David E. Bloom. 1985. "The New Economics of Labor Migration." *The American Economic Review* 75 (2).

Steckler, Allan B. et al. 2002. *Process Evaluation for Public Health Interventions and Research*. Jossey-Bass.

Stufflebeam, Daniel L. et al. 2000. *Evaluation Models: Viewpoints on Educational and Human Services Evaluation*. Springer Science and Business Media.

Tang, Shuangshuang and Pu Hao. 2019. "The Return Intentions of China's Rural Migrants: A Study of Nanjing and Suzhou." *Journal of Urban Affairs* 41 (3).

Tang, Shuangshuang et al. 2016. "Land Conversion and Urban Settlement Intentions of the Rural Population in China: A Case Study of Suburban Nanjing." *Habitat International* 51.

Tang, Wanjie et al. 2018. "Mental Health and Psychosocial Problems a-mong Chinese Left-Behind Children: A Cross-Sectional Comparative Study." *Journal of Affective Disorders* 241.

Taylor-Gooby, P. 2016. "The Divisive Welfare State." *Social Policy and Administration* 50 (6).

Todaro, Michael P. 1969. "A Model of Labor Migration and Urban Un-employment in Less Developed Countries." *The American Economic Review* 59 (1).

Wang, Dazhe et al. 2019. "Gains and Losses: Does Farmland Acquisition Harm Farmers' Welfare?" *Land Use Policy* 86.

Wang, Han et al. 2020. "Invisible Windfalls and Wipeouts: What Is the Impact of Spatial Regulation on the Welfare of Land-Lost Farmers? ." *Habitat International*.

Wei, Lu and Fangfang Gao. 2017. "Social Media, Social Integration and Subjective Well-Being among New Urban Migrants in China." *Telematics and Informatics* 34 (3).

Wirth, Louis. 1938. "Urbanism as a Way of Life." *American Journal of Sociology* 44 (1).

Wu, Q. B. et al. 2010. "An Ecological Examination of Social Capital Effects on the Academic Achievement of Chinese Migrant Children." *British Journal of Social Work* 40 (8).

Wu, Z. et al. 2017. "Adaptive Choice of Livelihood Patterns in Rural Households in a Farm-pastoral Zone: A Case Study in Jungar, Inner Mongolia." *Land Use Policy* 62.

Wu, Jiawei et al. 2019. "Changing Distribution of Migrant Population and Its Influencing Factors in Urban China: Economic Transition, Public Policy, and Amenities." *Habitat International* 94.

Xie, Shenghua and Juan Chen. 2018. "Beyond Homeownership: Housing Conditions, Housing Support and Rural Migrant Urban Settlement Intentions in China." *Cities* 78.

Yigitcanlar, Tan et al. 2018. "Understanding 'Smart Cities': Intertwining Development Drivers with Desired Outcomes in a Multidimensional Framework." *Cities* 81.

Zhang, Bo et al. 2017. "Does Ethnic Identity Influence Migrants' Settlement Intentions? Evidence from Three Cities in Gansu Province, Northwest China." *Habitat International* 69.

Zhao, Liqiu et al. 2018. "New Trends in Internal Migration in China: Profiles of the New-Generation Migrants." *China and World Economy* 26 (1).

Zhou, Min and Wei Guo. 2021. "Comparison of Second-Child Fertility Intentions between Local and Migrant Women in Urban China: A Blinder-Oaxaca Decomposition." *Journal of Ethnic and Migration Studies* 47 (11).

Zou, J. et al. 2020. "The Complex Relationship Between Neighbourhood Types and Migrants' Socio-economic Integration: The Case of Urban China." *Journal of Housing and the Built Environment* 35 (1).

Zukin, S. and DiMaggio, P. 1990. *Structures of Capital: The Social Organization of the Economy.* " Cambridge: Cambridge University Press.

图书在版编目（CIP）数据

欠发达地区新型城镇化的机制构建与治理转型／凌
巍，刘建娥，徐玲菲著. -- 北京：社会科学文献出版社，
2023.4（2024.2 重印）
（魁阁学术文库）
ISBN 978 - 7 - 5228 - 1575 - 6

Ⅰ.①欠…　Ⅱ.①凌…②刘…③徐…　Ⅲ.①不发达
地区 - 城市化 - 研究 - 中国　Ⅳ.①F299.21

中国国家版本馆 CIP 数据核字（2023）第 050710 号

魁阁学术文库
欠发达地区新型城镇化的机制构建与治理转型

著　　者／凌　巍　刘建娥　徐玲菲

出 版 人／冀祥德
责任编辑／庄士龙　胡庆英
文稿编辑／张真真
责任印制／王京美

出　　版／社会科学文献出版社·群学出版分社　（010）59367002
　　　　　　地址：北京市北三环中路甲 29 号院华龙大厦　邮编：100029
　　　　　　网址：www.ssap.com.cn
发　　行／社会科学文献出版社　（010）59367028
印　　装／唐山玺诚印务有限公司

规　　格／开　本：787mm × 1092mm　1/16
　　　　　　印　张：10　字　数：129 千字
版　　次／2023 年 4 月第 1 版　2024 年 2 月第 2 次印刷
书　　号／ISBN 978 - 7 - 5228 - 1575 - 6
定　　价／79.00 元

读者服务电话：4008918866